はじめに

この本を開くと、5枚花びらの○○という作品名がいくつも出てきます。
同じような形ばかりだなぁ、と思われるかもしれませんが、
この本は基礎をしっかりお話ししようと思い作った本です。
5枚花びらの花がどのように変化して応用できるのかをわかりやすく説明しています。
ビジュアル的には面白みに欠けるかもしれませんが、じっくりお読みいただくことで、
今まで以上に、スムーズにつまみ細工を作ることができるかもしれません。

「NG（失敗例）」「注意しましょう」「よくある質問」は、通信講座や教室で実際に
見てきたこと、聞いたこと、アドバイスしてきたことです。
この本をお読みいただくみなさまのご参考になれば幸いです。

今回は、基礎の基礎をクローズアップしています。
ページ数の関係で、つまみ方、台紙などは掲載しきれなかったものもあります。
つまみ細工は、もっといろいろな形の作品を作ることができますので、
ぜひ、鶫屋HPやオンラインショップものぞいてみてください。

正方形の生地が形になっていく様子は、とても不思議で、魅力的です。
みなさまにとっても、つまみ細工が楽しいものになりますように。

つまみ細工鶫屋（つぐみや）　主宰

佐藤　亜美

CONTENTS

- ● はじめに……………………………… 1
- ● 作品紹介
  - 5枚花びらのぱっちんピン……………… 3
  - 5枚花びらのネジピン…………………… 3
  - 5枚花びらのかんざし…………………… 4
  - 5枚花びらのかんざし(ぱっちんピン仕様)… 4
  - 5枚花びらのかんざし(カチューシャ仕様)… 4
  - 剣つまみを加えたコームかんざし……… 5
  - 丸バラのコンコルドクリップ…………… 6
  - はんくすヘアクリップ＆ブローチ……… 6
  - 三連椿のコーム…………………………… 7
  - カメリアと小花のコーム………………… 7
  - 桜の器……………………………………… 8

- ● 基本について
  - つまみ細工とは／作り方の流れ………… 9
  - つまみ細工の道具………………………… 10
  - つまみ細工の材料………………………… 11
  - 生地・針金・組み糸……………………… 12
  - 台紙に使う紙……………………………… 13
  - 台紙の種類………………………………… 14
  - 着物に合う色選び………………………… 15
  - 生地の裁断………………………………… 16
  - つまみの部位名称／ピンセットの持ち方… 18
  - つまみの種類……………………………… 19
  - のりの扱い………………………………… 20
  - のりの扱いNG集………………………… 21
  - のせ方による違い………………………… 22

- ● 作品手順 & コラム
  - 5枚花びらのぱっちんピン ❀ ………… 23
  - コラム 丸つまみが板の上で広がってしまうのですが… 32
  - 5枚花びらのネジピン ❀ ……………… 33
  - 5枚花びらのかんざし ❀❀ …………… 41
  - コラム 飾りを加える………………………… 52
  - 5枚花びらのかんざし(ぱっちんピン仕様) ❀❀ … 53
  - 5枚花びらのかんざし(カチューシャ仕様) ❀❀ … 55
  - コラム カチューシャをかんざしに組替……… 58
  - 剣つまみを加えたコームかんざし ❀❀ …… 59
  - コラム 花芯を変える…………………………… 70
  - 丸バラのコンコルドクリップ ❀❀ ………… 71
  - コラム 形作りがうまくいかないのですが…… 80
  - はんくすヘアクリップ＆ブローチ ❀❀ …… 81
  - 三連椿のコーム ❀❀ ………………………… 85
  - カメリアと小花のコーム ❀❀❀ …………… 95
  - コラム 2Way金具を使う……………………… 102
  - 桜の器 ❀ ……………………………………… 103
  - コラム 地詰めについて………………………… 108

- ● 鶸屋について ……………………………… 109
- ● 困ったときの逆引き一覧 ………………… 110

> ❀印について
> 作品の横に難易度を表す❀印をつけています
> 数が多いほど難易度が高くなります

難易度 ✿
5枚花びらの
ぱっちんピン
作り方 P23

難易度 ✿
5枚花びらの
ネジピン
作り方 P33

難易度 🌸🌸🌸

5枚花びらの
かんざし

作り方 P41

難易度 🌸🌸🌸

5枚花びらの
かんざし
(ぱっちんピン仕様)

作り方 P53

難易度 🌸🌸🌸

5枚花びらの
かんざし
(カチューシャ仕様)

作り方 P55

▶カチューシャから
　かんざしへの組替 P58

難易度

剣つまみを加えた
コームかんざし

作り方 P59

難易度 🌸🌸🌸

丸バラの
コンコルド
クリップ

作り方 P71

難易度 🌸🌸🌸

はんくす
ヘアクリップ
＆
ブローチ

作り方 P81

難易度 🌸🌸🌸🌸
三連椿のコーム
作り方 P85

難易度 🌸🌸🌸🌸
カメリアと
小花のコーム
作り方 P95

難易度 🌸🌸🌸

桜の器

作り方 P103

雛飾りに添えても…

基本について

つまみ細工とは

正方形の生地をピンセットでつまみ、花などの形を作る手工芸です。
難しそうに見えますが、コツをつかむとどなたでも可愛い小物や
アクセサリーを作ることができます。
針と糸を使った縫いつまみもありますが、本書では、
ピンセットとのりを使用して作ります。

作り方の流れ

1 材料準備
道具、作る作品の材料を準備する。

2 生地カット（P16参照）
作る作品の生地を準備する。枚数を余分に準備しておくと安心。

3 のりを練る（P20参照）
のりを板に取り、ヘラを使いよく練り薄く広げる。

4 台紙準備
使用する台紙を準備する。

5 つまむ
生地をピンセットでつまみ、のり板にのせる。

6 形作り
つまみを台紙にのせ、形作りをして完成。

基本について

つまみ細工の道具

つまみ細工に使う
● 最低限必要な道具　● かんざし作りに必要な道具　● あれば便利な道具
を紹介します。
ぬれたおしぼりは手やピンセットにのりがついてしまったときに使いますので用意しましょう。

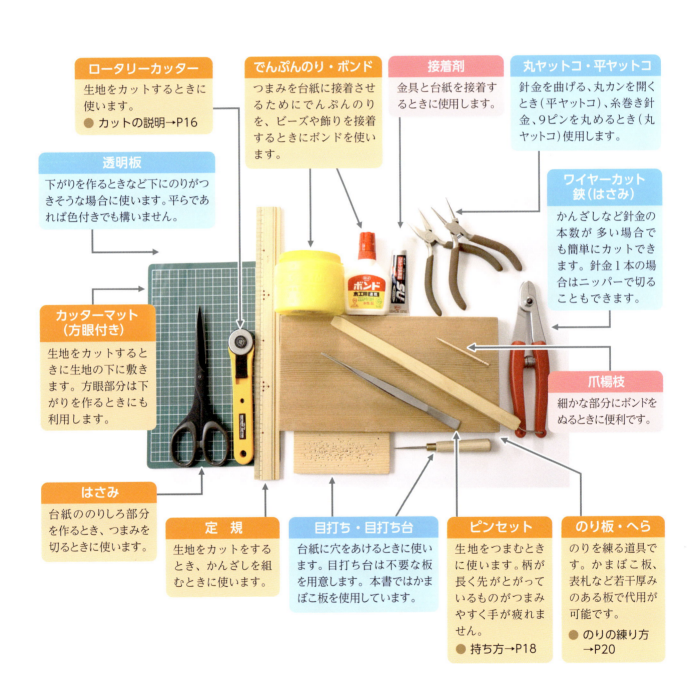

ロータリーカッター
生地をカットするときに使います。
● カットの説明→P16

透明板
下がりを作るときなど下にのりがつきそうな場合に使います。平らであれば色付きでも構いません。

カッターマット（方眼付き）
生地をカットするときに生地の下に敷きます。方眼部分は下がりを作るときにも利用します。

でんぷんのり・ボンド
つまみを台紙に接着させるためにでんぷんのりを、ビーズや飾りを接着するときにボンドを使います。

接着剤
金具と台紙を接着するときに使用します。

丸ヤットコ・平ヤットコ
針金を曲げる、丸カンを開くとき（平ヤットコ）、糸巻き針金、9ピンを丸めるとき（丸ヤットコ）使用します。

ワイヤーカット鋏（はさみ）
かんざしなど針金の本数が多い場合でも簡単にカットできます。針金1本の場合はニッパーで切ることもできます。

爪楊枝
細かな部分にボンドをぬるときに便利です。

はさみ
台紙ののりしろ部分を作るとき、つまみを切るときに使います。

定　規
生地をカットをするとき、かんざしを組むときに使います。

目打ち・目打ち台
台紙に穴をあけるときに使います。目打ち台は不要な板を用意します。本書ではかまぼこ板を使用しています。

ピンセット
生地をつまむときに使います。柄が長く先がとがっているものがつまみやすく手が疲れません。
● 持ち方→P18

のり板・へら
のりを練る道具です。かまぼこ板、表札など若干厚みのある板で代用が可能です。
● のりの練り方→P20

つまみ細工の材料

つまみ細工に使う
● 最低限必要な材料　● かんざし作りに必要な材料　● その他の材料
を紹介します。

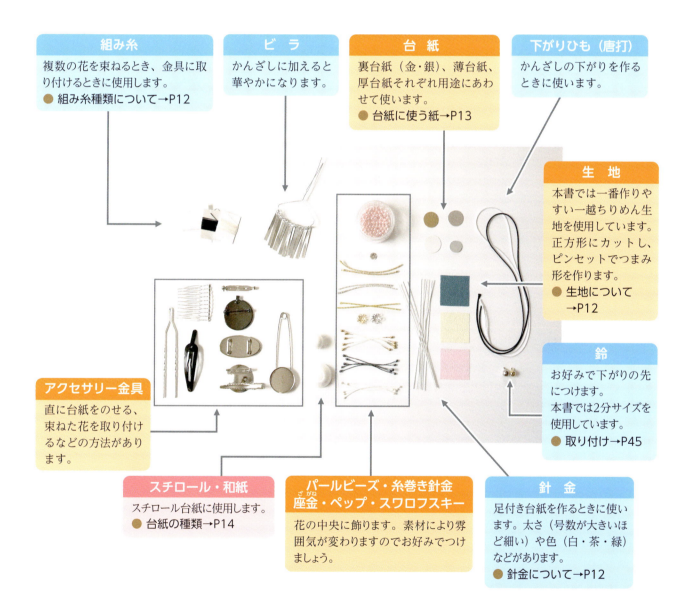

組み糸
複数の花を束ねるとき、金具に取り付けるときに使用します。
● 組み糸種類について→P12

ビラ
かんざしに加えると華やかになります。

台紙
裏台紙（金・銀）、薄台紙、厚台紙それぞれ用途にあわせて使います。
● 台紙に使う紙→P13

下がりひも（唐打）
かんざしの下がりを作るときに使います。

生地
本書では一番作りやすい一越ちりめん生地を使用しています。正方形にカットし、ピンセットでつまみ形を作ります。
● 生地について→P12

アクセサリー金具
直に台紙をのせる、束ねた花を取り付けるなどの方法があります。

スチロール・和紙
スチロール台紙に使用します。
● 台紙の種類→P14

パールビーズ・糸巻き針金・座金・ペップ・スワロフスキー
花の中央に飾ります。素材により雰囲気が変わりますのでお好みでつけましょう。

鈴
お好みで下がりの先につけます。
本書では2分サイズを使用しています。
● 取り付け→P45

針金
足付き台紙を作るときに使います。太さ（号数が大きいほど細い）や色（白・茶・緑）などがあります。
● 針金について→P12

基本について

生地・針金・組み糸

つまみ細工に使う生地はちりめん、絹、化繊（キュプラ）などがあります。本書では作りやすいレーヨンのちりめん2種をピックアップして紹介します。

針金は紙を巻き付けたものを使います。作品により色を使い分けてもよいでしょう。針金には太さの種類もあります。

組み糸は昔の「極天」を再現した「極天風」、または撚りのない細い「絹糸」を使用します。本書では参考のために作品によって糸を変えていますので比較してみてください。

ちりめん（レーヨン）

●一越（ひとこし）ちりめん

しぼ（生地の凹凸）が浅く、薄めの生地です。上品な作風に仕上がります。本書の作品はすべてこちらです。

●オニちりめん

一越ちりめんに比べしぼが深く、若干厚みがあります。温かみのある可愛い作品になります。

針金

●色

枝を表現するときは茶色、茎やつるのときは緑色と使い分けしてもよいでしょう。一般的には白を使います。

●太さ

号数が大きいほど細くなります。本書では主に#24を使用しています。

組み糸

●極天風

太くて巻きやすい糸です。

●絹糸

細くて繊細な仕上がりになります。

台紙に使う紙

台紙の種類の説明の前に、台紙に使う紙についてご説明します。
紙の台紙は3種類です。
それぞれ役割がありますので、参考になさってください。
通常は、薄台紙＋厚台紙、または、裏台紙＋厚台紙の組み合わせですが、
厚台紙を使わず、裏台紙のみを使用することもあります。

薄台紙

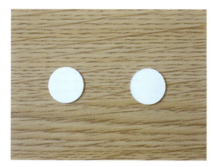

表も裏も白い台紙です。ボール紙で代用が可能です。

生地で薄台紙を包み、厚台紙を貼ることで平丸台紙ができます。
花と一体感のある台紙になります。

厚台紙

表は白色、裏はくすんだ色の台紙です。厚みが1.8mmほどあります。

薄台紙や裏台紙の中央に貼り、つまみ先をのせることで、
つまみに傾斜がつき、花が開いた形に仕上がります。
厚台紙がなくても花は作れますが、花は閉じ気味になります。

裏台紙

表は金（または銀色）、裏は白です。薄台紙同様の厚みです。

昔ながらの方法で作ると、薄台紙を生地で包まないため裏から見ると台紙が見えます。裏は見えるところではありませんので、そのままでもよいのですが、味気なく感じる場合は裏台紙を使うとよいでしょう。
また、髪につけるものはできるだけ軽くするべきとの考えもあります。
薄台紙を生地で包むと重たくなるため、裏台紙を使い軽くしてもよいでしょう。

基本について

台紙の種類

薄台紙、厚台紙などを組み合わせて作る、スチロールで台紙を作るなど、様々な形状の台紙があります。
本書では下記3種の台紙のみを使った作品紹介になります。そのほかの台紙を使った作品は前著書「楽しいつまみ細工」に掲載しています。

平丸台紙　▶薄台紙＋厚台紙　作成手順 P24

薄台紙＋厚台紙または裏台紙＋厚台紙の組み合わせです。
ぱっちんピン、ブローチピン等の金具に接着剤で貼り付けます。

●薄台紙＋厚台紙　　　　●裏台紙＋厚台紙

足付き台紙　▶薄台紙の足付き　作成手順 P34　▶裏台紙足付き（厚台紙なし）　作成手順 P72
▶裏台紙の足付き　作成手順 P60

平丸台紙に針金をつけたものです。薄台紙または裏台紙で作ります。
裏台紙に穴をあけず針金を貼り、厚台紙をつけないものもあります。
かんざしなど、花を束にして形作るときに使用します。

●薄台紙　　　　●裏台紙　　　　●裏台紙（厚台紙なし）

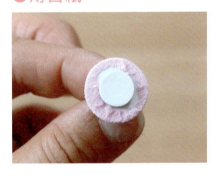
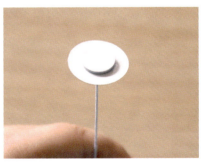

スチロール台紙　▶作成手順 P82

スチロールに薄くボンドをぬり、和紙を密着させ貼ります。
和紙を貼ることで、のりとの相性がよくなり、つまみがのせやすくなります。のりではスチロールに直につまみをつけることができませんので注意してください。
つまみをゆるやかなカーブに沿ってのせることができ、印象的な作品に仕上がります。

着物に合う色選び

「着物に合う色選び」に悩まれている方も少なくありません。
ここでは、七五三の着物を例に、どのように合わせたらよいか
紹介しています。参考になさってください。

着物の柄と合わせる（濃い色）

赤やオレンジを中心にしたためはっきりした印象になります。
全てを同系色の濃い色にすると重たく感じるので、アクセントに水色を加えています。

着物の柄と合わせる（薄い色）　▶作成手順 P41

薄い色味でまとめると優しい、可愛い印象になります。
この色合いはバランスも取りやすいので、色選びに困ったときはこちらの色味を選びましょう。
本書のかんざし手順はこちらの色味で作っています。

洋服に合わせる場合も同様に、服の色を基調にするとよいでしょう。
洋服の場合は、5枚花びらのかんざしよりも、P71に登場する
丸バラなどをアレンジして髪飾りにするとステキです。
ちりめん生地を化繊生地に変えて作ってみましょう。

基本について

生地の裁断

* カッターの扱い
  ↓
* 生地のカット
  ↓

カッターの扱い

1 力が入るようにぐっと柄を握る。

2 刃物は真上から力を加えると切りにくくなるので注意。

3 包丁の扱いと同じで、擦ることで切りやすくなる。斜めに持ち、歯を回転させる。

生地のカット

4 生地の端をマットの線に合わせてのせる。

5 斜めにのせると目が曲がって切れるので注意。

6 端を落とすように定規をマットの線に合わせる。

7 ロータリーカッターは向こうから手前に動かし、刃を回転させてカットする。

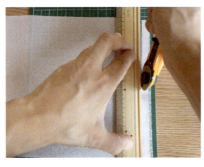

8 定規はずれやすいのでしっかり力を加え固定する。

9 生地の端を切り落としたところ。端は捨てる。

生地の裁断
→
✽ 生地のカット

10 作る作品の生地サイズに合わせ幅を決める。（写真は3cm）

11 同じように上から下へカッターを回転させカットする。

12 何本か同じ幅の列を作る。（作品により数量が異なる）

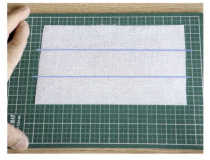

13 使わない生地は外し、マットごと生地の向きを90度変える。

14 マットの線に合わせ、端を切りそろえる。

15 正方形になるように同じ幅でカットする。使用する枚数より多めに準備すると安心。

● ひとこと ①

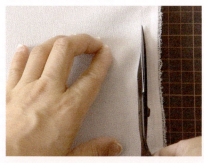
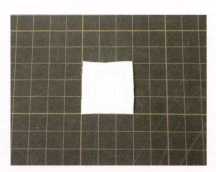

生地の裁断ではさみを使うと

はさみを使って裁断するというお話を聞いたことがありますが、チャコペンで線を引き、その上をはさみで切るとなると、時間もかかりますし、まっすぐ切れないこともあります。ロータリーカッターはよく切れますので使ってみてください。替刃もあり長持ちします。

基本について

つまみの部位名称／ピンセットの持ち方

つまみの部位には名称があります。
本書ではわかりやすく部位を指し示すために細かく名称をつけています。

部位の名称

折り頭（頭）
先

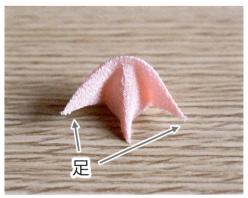
足
※つまみを開いた状態の写真

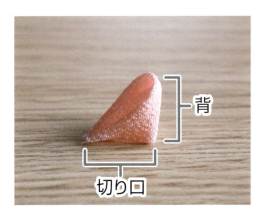
背
切り口

股

● ひとこと ②

お箸の持ち方と同じ。

握るようには持ちません。

柄が短いものは手が疲れます。

ピンセットの持ち方
NGの持ち方は手が疲れたり、違うところに力がかかります。ピンセットの柄が短いものはつまみにくいので、長め（17cm程度）のものを使い、お箸の持ち方でつまみましょう。

つまみの種類

つまみの種類は多種ありますが、ここでは本書に登場するつまみを
ご紹介します。

丸つまみ　▶作成手順 P25

つまみの折り頭に丸みができるつまみ方です。
可愛い印象の花ができます。
このつまみの形を変形させた作品も本書では紹介しています。

剣つまみ　▶作成手順 P61

つまみの折り頭がとがり、角ができるつまみ方です。
シャープな印象の花ができますが、つまみの内側を広げることでイメージの違った花も作ることができます。

丸裏切り（うらきり）　▶作成手順 P87

丸つまみの切り口をはさみでカットするとつまみの面に傾きがつき、つまみが寝るように仕上がります。
台紙のページで厚台紙の役目を説明しましたが、この方法を使うと、厚台紙なしでも花が開きます。
カットの際は切れるはさみを使いましょう。

基本について

のりの扱い

✤ のりを練る
　↓
✤ 均一に広げる
✤ 使用後

のりを練る

1 のりをヘラで取り板の上に出す。

2 つまむ枚数が少なくても、厚みが1mm程必要なので、ある程度取りだすこと。

3 ヘラでのりを練る。最初ののりは水っぽいのでよく練り粘りを出す。

4 板を傾けて練ってもよい。

5 練るうちにのりが「もたっと」重くなってくる。

均一に広げる

6 のり板についたのりをきれいに取り、片側に寄せる。

7 ヘラを使いのりを薄くのばす。

8 のりの厚みは1mm程度にする。

使用後

✤ のりはヘラで取り、捨てる。板、ヘラは流水できれいに洗い、乾拭きし、自然乾燥する。

のりNG集

のりの練り方、厚みはとても重要なポイントです。
何度もつまんでいると、ちょうどいい「のりの加減」が
おわかりになってくると思います。
ここではNG例を挙げますので参考になさってください。
写真右はつまみを取った跡です。

✕のりが波打っている

のりが多くつきすぎるつまみ、少なすぎるつまみができ、形作りの時にスムーズに仕上げられません。

 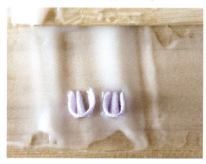 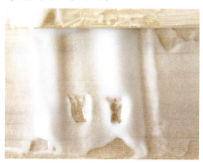

✕のりが薄すぎる

つまみをのせても足が広がり、のりのつきも悪くなります。

✕のりが厚すぎる

のりが厚すぎると、つまみがのりの中に埋まってしまいます。
のりのつきすぎは、ちりめん生地を縮ませたり、つまみ内側に
のりを引き込みすぎてつまみ面が波打ったりする原因にもなります。

基本について

のせ方による違い

丸つまみをどのように台紙にのせるかで、できあがりも変わります。
ここでは4種類のパターンを比較してみます。
これらの作品は作り方を詳しく掲載していますので、パターン名の横の記載ページをご覧ください。

上からのせる
▶はんくすヘアクリップ＆ブローチ　作成手順 P81

上から下の順番でつまみをのせます。

下からのせる
▶カメリアと小花のコーム　作成手順 P95

下から上の順番でつまみをのせます。

広げて上に重ねる
▶丸バラのコンコルドクリップ　作成手順 P71

つまみの足、面を広げてつまみを上に重ねます。

広げて手前に重ねる
▶三連椿のコーム　作成手順 P85

つまみの片足、面を広げて手前に重ねます。

5枚花びらのぱっちんピン

難易度

● 特徴
- 一番簡単な平丸台紙、丸つまみ5枚花びらです。
- この作品でつまみ細工の基礎とコツをしっかり身につけてください。

● 道具
のり板、ヘラ、ピンセット、はさみ、のり、ボンド、接着剤、爪楊枝

● 材料
薄台紙18mm×1枚
厚台紙10mm×1枚
一越ちりめん生地3.0cm角×6枚(見本色:オレンジサーモン)
パールビーズ6mm玉×1個(見本色:純白)
台つきぱっちんピン(黒) 長さ約5cm幅1cm×1個

作品手順

✿ 平丸台紙を作る
↓
✿ 金具に取り付ける
↓

1. 平丸台紙を作る

1　薄台紙と一越ちりめん生地で台紙を作る。

2　薄台紙にのりを薄くつける。

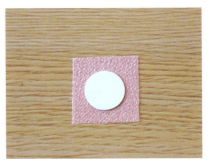

3　生地中央に薄台紙を貼る。

4　はさみで四隅を丸く切り、のりしろ部分を作る。

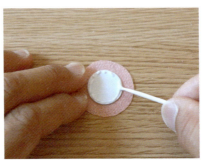

5　台紙外周にボンドをぬる。（楊枝を使うとスムーズ）

6　のりしろ部分を内側に折り込み、しっかり留める。

2. 金具に取り付ける

7　厚台紙の裏側（色のくすんでいる側）にボンドをぬり、

8　薄台紙中央に留める。

9　使用する金具を準備する。

5枚花びらのぱっちんピン

* 金具に取り付ける
* のりを練る
* つまむ（丸つまみ）

10 接着剤（P10参照）を金具の白いプラスチック部分にぬる。

11 平丸台紙裏面（生地で包まれている方）中央に接着する。

12 金具を取り付けたところ。

3. のりを練る

13 のりは空気を含ませながらよく練る。もっと重くなり粘りが出るとよい。

14 のり板についたのりをきれいに取り、片側に寄せる。

15 ヘラを使い、のりを薄くのばす。（のりの練り方P20参照）

4. つまむ（丸つまみ）

16 ピンセットを正しく持ち（持ち方P18参照）、生地の対角をはさむ。

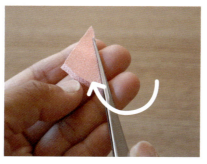

17 右から左へ半分に折り、角を合わせる。

● 注意しましょう ①

角をそろえる ①
このとき、しっかり角と角を合わせること。

作品手順

✲ つまむ（丸つまみ）

NG 角が合わず写真のようにつまんでしまうとキレイな形に仕上がりません。

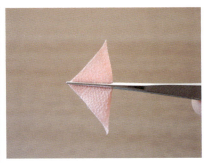

18 生地の中央を持ち、

19 上から下へ折る。

20 中央から少し上の部分をピンセットでつまむ。

21 下部分が2枚に分かれた状態で指を入れて割り、

22 手前側、後ろ側にそれぞれ折り上げ、

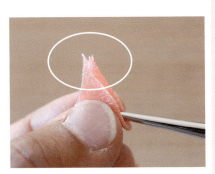

23 3つの角がそろうようにする。

● 注意しましょう ②
NG 角をそろえる ②
3つの角がそろわないとつまみが変形します。

24 つまみを持ちかえる。横から見ると、中央が盛り上がっていることがわかる。

5枚花びらのぱっちんピン

✽ つまむ(丸つまみ)
↓
✽ のり板にのせる
↓

25 つまみ中央の盛り上がりと縁がぶつかる部分をピンセットではさむ。

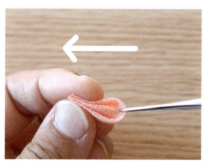

26 ピンセットをつまみの先の方に倒し、縁の生地を返す。

27 つまみ内側にくぼみができ整った形のつまみができる。

5. のり板にのせる

28 のり板にのせる前に指先に力を入れて生地の重なり(股の部分)を圧迫する。

29 ピンセットでつまみの背を持ち、のり板に平行に着地させる。

30 指の腹でつまみの頭を軽く押すとのりと密着する。

31 丸つまみが1つ完成。

● 注意しましょう ③

NG

NG

斜めにのせない
板に対し斜めに着地すると、つまみの切り口につくのりが偏るため、つまみが広がりやすくなります。

作品手順

↓
✤ のり板にのせる
↓
✤ つまみを取る
↓
✤ 平丸台紙にのせる
↓

● 注意しましょう ④

のり板で広がるつまみ
のり板の上でつまみが広がった場合は、板の上で直さずに、一度手に持って折り跡通りに直してからのり板に戻します。すでに置いた場所には戻さずその隣の、のりのある場所に置きます。

6. つまみを取る

32 材料分の丸つまみを作る。つまみは手前右から左に並べるようにのせること。

33 最初のつまみをピンセットで取る。

34 つまみ先が開いている場合、指先で整えてもよい。

7. 平丸台紙にのせる

35 手順34でのりを取りすぎた場合は、のり板ののりを再度切り口につける。

36 のりを再度つけたところ。

37 台紙金具側につまみを1枚のせる。

5枚花びらのぱっちんピン

* 平丸台紙にのせる
* 形作る

38 先は厚台紙の中央に向け後ろは薄台紙にかかるようにする。

● よくある質問 ①

台紙はどう持てばいいのでしょうか?
台紙はテーブルの上に置いてつまみをのせても構いませんし、手に持っても構いません。作りやすい方ですすめましょう。

8. 形作る

39 つまみを順に台紙にのせる。置き方は好みでよいが均等に置くことが大事。

40 5枚バランスよくのせたところ。

41 手のひらに台紙ごと持ち、

42 中央に親指をそっとのせる。(力は入れず、添えるだけ)

43 つまみの股にピンセットを入れ広げる。

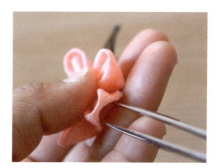

44 その隣のつまみの股も同様に広げる。

作品手順

↓
形作る
↓

45　股を広げた隣同士のつまみの足をピンセットで密着させる。

46　折り頭を指の腹で軽く押しつまみ外周に丸みをつける。

47　隣り合う2つのつまみを形作ったところ。

48　手順44～46を繰り返し他のつまみも同様に形作る。

49　全てのつまみを形作ったところ。

50　横から見ると高さは均等になる。

● 注意しましょう ⑤

中心点

花の形NG集
花は丸く作るので、どれか1つが飛び出たり（写真左）つまみ先が中央を向いていない（写真中央）と形よく仕上がりません。また、写真右のようにつまみの足が立たずに内側に寝てしまうと花の面が開かず、ふっくら仕上がりません。

5枚花びらのぱっちんピン

- 形作る
- 完成

51 裏から見たところ。

52 花の中央にボンドをぬる。（楊枝を使うとスムーズ）

9. 完成

53 パールを接着し完成。

● よくある質問 ②

花びらがグラグラします…

つまみが浮いてくる場合、のり不足またはのりが乾燥していることが多く見られます。パールなど飾りをつける前にピンセットで浮いていないかどうか確認しましょう。浮いている場合は再度つまみ切り口にのり板ののりをつけてから形作りをします。

● よくある質問 ③

一度使ったのりは取っておく？捨てる？

同じ生地を使用する場合や、練習用として使用する場合はのりの再利用が可能ですが、それ以外はおすすめできません。使用した生地の繊維が他の生地につく可能性があるからです。練習用に取っておきたいのりは、ラップをかぶせておくと乾燥を防ぐことができます。（のりが固まるほど長時間放置しない）

コラム

● よくある質問 ④

丸つまみが板の上で開いてしまうのですが…

考えられる原因はいくつかあります。
主な原因をあげますので、ご自身でチェックしてみましょう。

×のりの練りが甘い・厚みが適正ではない

● 練り方　　　　　　　　　　　　　　　　　　　　　　　　　● 厚み

→P20参照
のりが水っぽくありませんか?

→P20参照
のりはしっかり練っていますか?

→P20〜21参照
厚みは適正ですか?

×つまみの先がそろっていない

● 角や足を合わせる

3つの角はそろっていますか?

合わせなくてはならない角や足の長さが左右で合っていますか?

×つまみが甘い

● しっかりつまむ

ゆるく、ふわふわっとつまんでいませんか?

→P27参照
生地の重なりを圧迫すると改善できます。

5枚花びらのネジピン

難易度

● 特 徴
- 足付き台紙でたくさん花を作るとP41のようなかんざしを組むこともできます。
- 平丸台紙より少し難しく感じることもあります。
- ネジピンはUピンより長いピンです。髪をアレンジした場合は長さのある
  ネジピンの方が使いやすいかもしれません。

● 道 具
のり板、ヘラ、ピンセット、定規、はさみ、のり、ボンド、目打ち、目打ち台、
平ヤットコ、ワイヤーカット鋏（はさみ）、スポンジ、爪楊枝

● 材 料
薄台紙18mm×1枚
厚台紙10mm×1枚
針金白（#24）10.5cm×1本
一越ちりめん生地3.0cm角×6枚（見本色:ピンク）
パールビーズ6mm玉×1個（見本色:純白）

ネジピン（黒）×1本
組み糸（黒）絹糸×少々

作品手順

✿ 足付き台紙を作る

1. 足付き台紙を作る

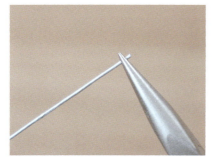

1　針金の先端5mm程度を平ヤットコではさむ。

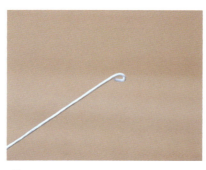

2　先端が輪になるように針金を曲げる。

3　輪を平ヤットコではさむ。

4　そのまま手前にヤットコを倒す。

5　針金の軸と頭が直角になるように整える。

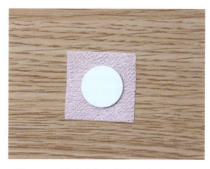

6　薄台紙に薄くのりをつけ、生地の中央に貼る。

7　台紙より一回り大きく生地を切り、ボンドで台紙内側に留める。

8　目打ち台（不要な板）の上に台紙を置き、目打ちで中央に穴をあける。

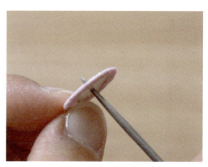

9　穴が小さい場合は台紙を持ち目打ちで広げるとよい。

5枚花びらのネジピン

* 足付き台紙を作る
* 足付き台紙の完成

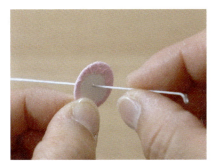

10 穴に手順5で作った針金を通す。

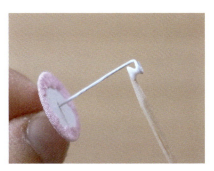

11 頭内側にボンドをぬる。（楊枝を使うとスムーズ）

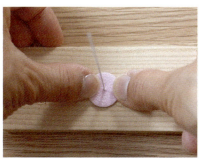

12 不要な板（目打ち台の裏など）の上に接着部分を押しつけ固定させる。

13 厚台紙の裏面（くすんだ色の方）にボンドをぬり薄台紙中央にのせる。

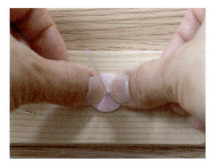

14 再度、不要な板の上に接着部分を押しつけ厚台紙を密着させる。

15 薄台紙と厚台紙の間に隙間ができないように作ること。

● 注意しましょう ⑥

NG **NG**

針金と台紙は垂直に
手順12、14で針金が板に対し垂直になっていないと台紙が斜めに傾いてしまいますので、気をつけましょう。また、接着が弱いと台紙ごとグラつくので注意しましょう。

2. 足付き台紙の完成

16 足付き台紙はスポンジ等に差しよく乾かす。

作品手順

* のりを練る
* つまむ（丸つまみ）

3. のりを練る

17 のりをよく練りのばす。（練り方はP20参照）

4. つまむ（丸つまみ）

18 ピンセットを正しく持ち（持ち方はP18参照）生地の対角をはさむ。

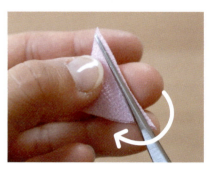

19 右から左へ半分に折り、角をしっかり合わせる。

20 生地の中央を持ち、

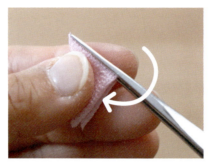

21 上から下へ半分に折り角を合わせる。

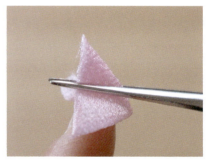

22 下部分が2枚に分かれた状態。指で割り、折り上げ、

23 3つの角がそろうようにする。

24 中央の縁をピンセットでつまみ、

25 内側に手首を動かし、溝ができるように縁を返す。

5枚花びらのネジピン ✽

✽ つまむ(丸つまみ)
↓
✽ のり板にのせる
↓

5. のり板にのせる

26 返しができたところ。

27 つまみ背をピンセットで持つ。

28 のり板に平行になるようにつまみをおろす。

29 全ての丸つまみを作る。

● 注意しましょう ⑦

つまみがつながって取れる
つまみが開くからといってつまみを密にのせるのはNGです。
かえって、つまみを取る時につながって取れてしまい、形が崩れます。

● 注意しましょう ⑧

つまみの切り口を見る
のりが切り口にまんべんなくついていないと形作りの際に苦労しますので、
一度、確認してみましょう。
のり板にのせたつまみをピンセットで取り上げ、切り口(底)を見てみます。

この時、W字型(反対から見るとM字型)にのりがついていればOKです。
内側(ブルーの線)や、角(黄色の丸)にのりがついていないと、
つまみを形作る時に広がってしまったり、隙間ができることがあります。

作品手順

* 足付き台紙にのせる
* 形作る

6. 足付き台紙にのせる

30 板からつまみを取る。つまみ先が開いている場合は指先で整えてもよい。

31 台紙中央につまみ先を合わせてのせる。

32 つまみ後方は薄台紙にかかるようにし、つまみに傾斜をつけてのせる。

7. 形作る

33 5枚バランスよく配置し、

34 指の間に針金をはさみ、

35 中央に親指をそっとのせる。（力は入れないこと）

36 つまみの股にピンセットを入れ広げる。

37 その隣のつまみの股も同様に広げる。

38 隣同士のつまみの足をピンセットで密着させる。

5枚花びらのネジピン

* 形作る
* 飾りをつける
* 金具に取り付ける

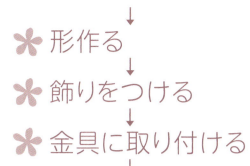

39 折り頭を指の腹で軽く押し、つまみ外周に丸みをつける。

40 隣のつまみも丸みをつける。

41 隣り合う2つのつまみを形作ったところ。

42 同手順で全てのつまみを整える。

43 裏から見たところ。

8. 飾りをつける

44 花の中央にボンドをぬりパールを留める。

9. 金具に取り付ける

45 スポンジ等に針金を差し半日程度乾かす。

46 台紙から2.5cm部分をワイヤーカット鋏（はさみ）で切る。

47 ネジピンは足を開いておく。

作品手順

✽ 金具に取り付ける
✽ 完成

48 組み糸の先にのりをつけネジピンのカーブ手前で2回ほど巻き、取れないようにする。

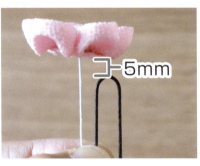

49 ネジピンの先から5mm針金を出す。

50 花の針金をピンにあて、巻き始めは、きつく2巻きする。

51 そのまま針金とピンを一緒に巻く。

52 針金が見えなくなったところで絹糸を切る。

53 のりを指に取り糸を留める。巻いた糸全体にも薄くつける。

10. 完成

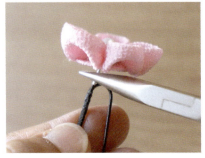

54 針金の付け根を平ヤットコで45度程度起こす。

55 完成。

56 横から見たところ。

5枚花びらのかんざし

難易度

● 特 徴
- 一番組みやすいかんざしの作り方です。
- 下がりありとなしの2つの横差しを1セットとして、髪に飾ります。

※足付き台紙の花を作るまでの基本手順は「5枚花びらのネジピン」P34を参考にしてください。

● 道 具
のり板、ヘラ、ピンセット、定規、はさみ、のり、ボンド、目打ち、目打ち台、平ヤットコ、ワイヤーカット鋏（はさみ）、スポンジ、爪楊枝、透明板、透明板を覆うシート（またはラップ）、カッターマット（方眼付き）、セロテープ

● 材 料
ビラ12枚×1本
かんざし（銀）9cm×2本
組み糸（白）極天風×少々

▼花（1花分材料）× 必要個数…7花
薄台紙18mm×1枚
厚台紙10mm×1枚
針金白（#24）10.5cm×1本
パール6mm玉×1個
（見本色：純白）
一越ちりめん生地3.0cm角×6枚
（見本色：ピンク2花、オレンジサーモン2花、うす黄3花）

▼下がり（1本分材料）× 必要個数…3本
針金白（#24）10.5cm×1本
唐打（黒）13.5cm×1本
鈴（金）2分×1個
一越ちりめん生地3.0cm角×3枚
（見本色：ピンク1枚、オレンジサーモン2枚）

作品手順

✣ 花を準備する
↓
✣ 下がりを作る
↓

1. 花を準備する

1　足付き台紙の花（P34〜39参照）を作り、しっかり乾かして準備しておく。

2. 下がりを作る

2　カッターマットの上にシート（またはラップ）を被せた透明板をのせ固定する。

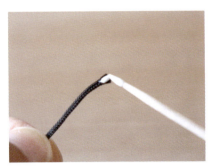

3　下がりひも（唐打）の先にボンドをぬる。

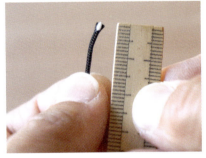

4　先端から1.5cmのところを指でおさえ、

5　ピンセットに持ち替え、

6　手前に倒し接着させ、輪を作る。

7　輪ができたところ。

8　下がりひも合計3本を同手順で準備しておく。

9　シートの上に下がりひもをのせ、テープで上部を固定する。

5枚花びらのかんざし

✽ 下がりを作る

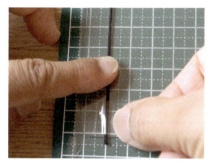

10 ひもをピンとまっすぐに伸ばし、先端をテープで留める。

11 3本を同様に準備する。間隔は2cmほど空けておく。

12 下がり用のつまみは全て丸つまみする。

13 輪のつなぎ目にボンドをぬる。

14 ピンクのつまみを1つ取りつなぎ目に先を合わせのせる。

15 つまみをのせたところ。

16 先端を指でおさえ、股にピンセットを差しつまみを広げ、

17 ひもをはさむようにつまみの足をピンセットで閉じる。

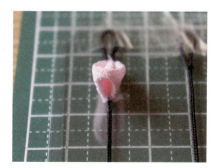

18 閉じたところ。手順17の状態でしばらくおさえるとつきやすい。

作品手順

下がりを作る

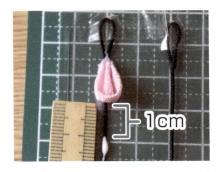
19 つまみの下に1cmの間隔をとりボンドをぬる。

20 オレンジのつまみをその上にのせ手順14～17をして形を整える。

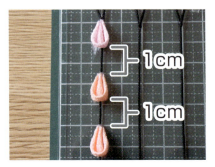
21 3段目も間隔を1cmにし、同じようにオレンジのつまみをのせる。

22 1列作った下がりを手本にし隣2列を作る。ピンクのつまみを中央1段目にのせる。

23 右1段目にもピンクのつまみをのせる。つまみの折り頭がそろうようにのせること。

24 同様に2段目3段目ものせて整える。

● 注意しましょう ⑨

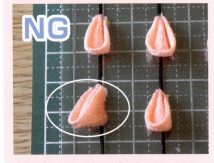

NG

下がりはまっすぐに
つまみの向きがまっすぐになるようにのせます。

25 つまみの先が広がらないようにピンセットでおさえ、指の腹でつまみ頭を押し丸みをつける。

26 全てのつまみに丸みをつけたところ。つまみの面が広がりふっくらする。

5枚花びらのかんざし

* 下がりを作る
* 鈴をつける

27 シートにのせたまま半日程度おき、しっかり乾かす。

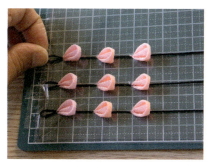
28 上下に貼ったテープを取る。

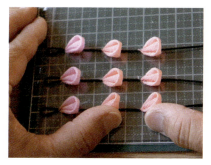
29 指でつまみを横から軽く押してシートから外す。汚れたシートは捨てる。

3. 鈴をつける

30 鈴をつけない場合は最下段のつまみ根元でひもを切る。

31 鈴をつける場合はひもに鈴を通し、

32 つまみ裏面にひもを曲げ、

33 つまみ裏にひもが隠れるよう長さを調整し、ボンドで留める。

34 最下段のつまみ頭から鈴全体が見えるようにする。

35 下がりは合計3本作る。

作品手順

熊手を作る

4. 熊手を作る

36 のり板にヘラでのりを1さじ取り出しておく。

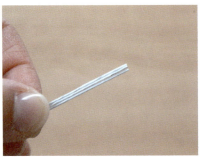

37 針金3本の先をそろえて持つ。

38 平ヤットコで先端5mmをはさむ。

39 手前に曲げフックを作る。

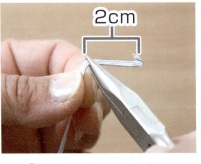

40 フック頭から2cm部分を平ヤットコではさんで曲げる。

41 熊手が3本とも同じ長さか確認する。

42 組み糸の先にのりをつける。

43 手順40で曲げた部分（支点）に2回巻き固定し、

44 針金がばらつかないように1.5cm巻き下がる。

5枚花びらのかんざし

* 熊手を作る
* ビラを準備する
* 組み上げ（下がりなし）

45 糸は下から針金の間に通し、

46 そのまま上に引き上げ留める。（手順45〜46は糸処理という）

47 糸をはさみで切り、のりで軸につける。巻いた糸全体にも薄くのりをつける。

5. ビラを準備する

表面
48 ビラは表面、裏面がある。横にきれいに振れる方が表面。

裏面
49 裏面は上手く振ることができない。

50 付け根から5mmのねじり部分を平ヤットコで山折する。

6. 組み上げ（下がりなし）

51 ビラの準備ができたところ。

2cm
52 花は台紙から2cmのところを軽く折り曲げる。

53 指で曲げにくいときは平ヤットコなどを使うとよい。

作品手順

* 組み上げ(下がりなし)
* かんざし取付(下がりなし)

54 他2本も同様に2cm部分を曲げておく。(各1色計3本)

55 曲げた箇所(支点)を1点で持つ。

56 組み糸の先にのりをつけ支点に1回力を入れてしっかり巻く。

57 かんざしの出っ張りの長さ+5mmの長さまで糸を巻く。

58 巻き終わりは糸処理(P47手順45〜46参照)して留める。

59 糸を切り、のりで軸につける。巻いた糸全体にものりを薄くつけて留める。

7. かんざし取付(下がりなし)

60 巻いた糸の先をワイヤーカット鋏(はさみ)で切る。

61 組み糸の先にのりをつけ2回程かんざしの出っ張りに巻く。

62 出っ張り部分にボンドをぬる。

5枚花びらのかんざし

✾ かんざし取付（下がりなし）
✾ 組み上げ（下がりあり）

63　出っ張り付け根と針金の切り口を合わせる。

64　出っ張りの先から付け根に向かい糸を持った腕を回し花にからまないように巻く。

65　糸を切り、巻いた糸全体にのりをのばし留める。糸は隙間なく巻くこと。

66　出っ張り先に出ている針金を平ヤットコで持ち、約45度傾きをつけ起こす。

67　正面から見て形を整える。

68　下がりなしかんざしの完成。

8. 組み上げ（下がりあり）

69　黄色2本、ピンク1本は2cm部分を曲げておく。

70　支点で束ねて持つ。

71　上から見たところ。花が傾いて傘状になっている。

作品手順

✻ 組み上げ(下がりあり)

72 台紙を指で持ち傾きを調整する。

73 花が正面を向くように整えたところ。

74 同様に全ての花を正面に向ける。

75 曲げていないオレンジの花を束の中央に向かって上から差し込む。

76 花びらに台紙がぶつからないように気をつけ3つの花の上に配置する。

77 上から見たところ。

78 位置が決まってからのりをつけた糸を1回きつく巻く。

79 熊手の支点を花の支点に加え1巻きする。

80 ビラを入れやすくするため右手で熊手を上に押し上げ、

5枚花びらのかんざし

* 組み上げ(下がりあり)
  ↓
* かんざし取付(下がりあり)
  ↓
* 下がり取付
  ↓
* 完成

81 ビラの枠を持ち、山折り部分を支点に差し入れ1巻きする。

82 かんざしの出っ張りの長さ+5mmの長さまで糸を巻き、糸処理(P47参照)をする。

83 巻いた糸の先をワイヤーカット鋏(はさみ)で切る。

9. かんざし取付(下がりあり)

84 下がりなしと同様にかんざしに取り付け(P48手順61～65)出っ張り先の針金を約45度に起こす。

10. 下がり取付

85 熊手のフックに下がりの輪をかける。

86 下がりが落ちないようにフックを指、またはヤットコで閉じる。

87 熊手が正面から見える場合は上げておく。

88 正面から見て形を整える。

11. 完成

89 完成。

コラム

飾りを加える

飾りを加えてかんざしを華やかにすることもできます。

メタルゴースの葉

メタルゴースはボンドで接着します。
2枚を重ね、その内側に軸となる針金を加え留めます（写真①）。
乾いてから生地をはさみでカットして葉を作り（写真②）、
軸の針金を曲げてアクセントをつけます（写真③）。

● 材 料
メタルゴース（金）
縦5cm横4cm×2枚
針金白（#24）10.5cm×1

テグス

パール穴にボンドをつけ乾かしながら作る方法もありますが、写真①のようにつぶし玉を加え平ヤットコでつぶしてパールを留める方法もあります。

テグスに4mm玉パール3個を中央に通してつぶし玉4個でそれぞれを留め、3mm玉パールを3個ずつ左右に通し（写真②）、テグスを輪にして、テグスの端1.5cmに針金を加え組み糸で留めます（写真③）。同じ飾りを小さく作り重ねたり（写真④）、メタルゴースの葉を加える（写真⑤）と雰囲気も変わります。

● 材 料
テグス13cm×1本
4mm玉パール×3個
つぶし玉×4個

3mm玉パール×6個
針金白（#24）10.5cm×1
かんざし組み糸（白）　少々

※小さい方はテグス10cm、
3mm玉×4個に変えて作る
（他材料は同じ）

※つぶし玉とは、ビーズ・パールなどを固定させるパーツです。

5枚花びらのかんざし（ぱっちんピン仕様）

難易度

● 特 徴
- 5枚花びらのかんざしの金具を、髪に留めやすいぱっちんピン金具で作ります。
- 花中央の飾りを糸巻き針金で作ります。

※基本手順は「5枚花びらのかんざし」P42を参考にしてください。

● 道 具
のり板、ヘラ、ピンセット、定規、はさみ、のり、ボンド、目打ち、目打ち台、平ヤットコ、
丸ヤットコ、ワイヤーカット鋏（はさみ）、スポンジ、爪楊枝、
透明板、透明板を覆うシート（またはラップ）、カッターマット（方眼付き）、セロテープ

● 材 料
ビラ12枚×1本
ぱっちんピン（黒）出っ張りあり×2本
組み糸（白）絹糸×少々

▼花（1花分材料）× 必要個数…7花

薄台紙18mm×1枚
厚台紙10mm×1枚
針金白（#24）10.5cm×1本
糸巻き針金（金）7cm×1本
一越ちりめん生地3.0cm角×6枚
（見本色:ピンク2花、オレンジサーモン2花、うす黄3花）

▼下がり（1本分材料）× 必要個数…3本

針金白（#24）10.5cm×1本
唐打（黒）13.5cm×1本
鈴（金）2分×1個
一越ちりめん生地3.0cm角×3枚
（見本色:ピンク1枚、オレンジサーモン2枚）

作品手順

✿ 飾りを作る
　↓
✿ ぱっちんピン取り付け
　↓
✿ 完成

1. 飾りを作る

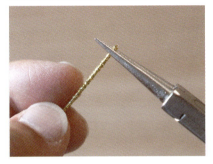

1　糸巻き針金の先端を丸ヤットコではさむ。

2　手前に返し小さな輪を作る。

3　輪ができたところ。輪の中にできるだけ隙間ができないように作るとよい。

4　平ヤットコで輪をはさみ、左手で針金を押し、輪の外周に沿って半周巻く。

5　ヤットコを置き、指に持ち替えて針金の終わりまで巻く。

6　渦巻き状にできた飾りを花の中央にボンドで留める。

2. ぱっちんピン取り付け

7　出っ張り長さ+5mmで針金をカットし、P48の手順61〜67のように作る。

3. 完成

8　出っ張り先の針金を起こし、完成。(下がりなし)

9　完成。(下がりあり)

5枚花びらのかんざし（カチューシャ仕様）

難易度

● 特徴
- 毛量の少ないお子様でもつけやすいカチューシャ仕様にします。
- カチューシャからかんざしに組み替えできる方法も紹介しています。（P58参照）

※基本手順は「5枚花びらのかんざし」P42を参考にしてください。

● 道具
のり板、ヘラ、ピンセット、定規、はさみ、のり、ボンド、目打ち、目打ち台、平ヤットコ、ワイヤーカット鋏（はさみ）、スポンジ、爪楊枝、透明板、透明板を覆うシート（またはラップ）、カッターマット（方眼付き）、セロテープ

● 材料
ビラ12枚×1本
カチューシャ(黒)4mm幅×1個
組み糸(白・黒)絹糸×少々

▼花（1花分材料）× 必要個数…7花
薄台紙18mm×1枚
厚台紙10mm×1枚
針金白(#24)10.5cm×1本
パール6mm玉×1個（見本色:純白）
一越ちりめん生地3.0cm角×6枚
（見本色:ピンク2花、オレンジサーモン2花、うす黄3花）

▼下がり（1本分材料）× 必要個数…3本
針金白(#24)10.5cm×1本
唐打(黒)13.5cm×1本
鈴(金)2分×1個
一越ちりめん生地3.0cm角×3枚
（見本色:ピンク1枚、オレンジサーモン2枚）

作品手順

❋ カチューシャ取り付け ↓

1. カチューシャ取り付け

1 花を束ねた支点から2.5cm下をワイヤーカット鋏(はさみ)で切る。

2 下がりありも同様に支点から2.5cmで切る。

3 正面を向くように花を持ち、支点から5mmのところを平ヤットコでおさえる。

4 そのまま谷折りし、針金を約60度に曲げ角度をつけておく。

5 下がりありも同様にヤットコで5mm部分をおさえ、

6 谷折りして曲げておく。

7 花の配置を決める。

8 カチューシャにのりをつけた組み糸(黒)を2回巻き、取れないように固定する。

9 針金をカチューシャに沿わせ、数か所きつく糸を巻いて仮止めする。(糸は切らない)

5枚花びらのかんざし(カチューシャ仕様)

✻ カチューシャ取り付け
　↓
✻ 完成

10 折り返して針金先に向かい、キレイに巻く。

11 糸を切りのりで留め、巻いた糸全体に薄くのりをつける。

12 下がりありを取り付けたところ。

13 もう1方も同様に糸で数か所巻き固定し、

14 根元から巻き下げ、針金が隠れたら糸を切り留める。糸全体に薄くのりをつける。

15 正面を向くように平ヤットコで調整する。

2. 完成

16 下がりをフックにかけ、閉じる。

17 完成。(向かって左側)

18 完成。(向かって右側)

コラム

カチューシャをかんざしに組替

カチューシャからかんざしへの組替方法を紹介します。

1. 束ねた糸を切る

黒い糸だけを切るように、よく切れるはさみで一文字に切れ込みを入れる。
指、又はピンセットで糸をはがす。

2. 起こした針金を戻す

支点から5mm下で曲げていた針金を、平ヤットコでまっすぐにする。

3. かんざしに合わせ取り付ける

かんざし出っ張りに合わせ長い部分はワイヤーカット鋏(はさみ)で切り落とし、
組み糸で取り付け完成。(P48 手順61〜67参照)

剣つまみを加えたコームかんざし

● 特徴
- 丸つまみの花、剣つまみの花を組み合わせます。
- 座金（ざがね）を使うことで華やかな印象になります。
- 束にまとめた花をコーム仕立てにします。
- 台紙は重さを軽くするために裏台紙を使用しています。

● 道具
のり板、ヘラ、ピンセット、定規、はさみ、のり、ボンド、目打ち、目打ち台、平ヤットコ、ワイヤーカット鋏（はさみ）、スポンジ、爪楊枝

● 材料
15足コーム（銀）×1本
組み糸（白）極天風×少々

▼丸の花（1花分材料）× 必要個数…6花
裏台紙（金）18mm×1枚
厚台紙10mm×1枚
針金白（#24）10.5cm×1本
パールビーズ3mm玉×3個
（見本色:ブライトゴールド）
座金（金）外径10mm×1個
一越ちりめん生地3.0cm角×5枚
（見本色:はで赤、濃い赤、からし各2花）

▼剣の花（1本分材料）× 必要個数…2本
裏台紙（金）18mm×1枚
厚台紙10mm×1枚
針金白（#24）10.5cm×1本
パールビーズ4mm玉×5個（見本色:ワイン）
パールビーズ6mm玉×1個
（見本色はハニーゴールド）
一越ちりめん生地3.0cm角×6枚（見本色:紫）

作品手順

✱ 足付き台紙を作る
↓

1. 足付き台紙を作る

1　針金先端5mmを平ヤットコではさんで輪を作り直角にする。（針金の曲げ方はP34参照）

2　裏台紙は白い側を上にし、目打ちで中央に穴をあける。

3　穴に針金を通す。

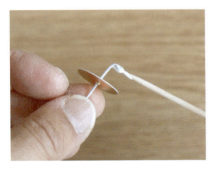

4　頭内側にボンドをぬる。（楊枝を使うとスムーズ）

5　不要な板（目打ち台の裏など）の上に台紙接着部分を押し付け固定させる。

6　厚台紙をボンドで貼り、裏台紙と厚台紙の間に隙間ができないように密着させる。

7　足付き台紙はスポンジ等に差し乾かす。全ての花の台紙を作っておく。

● **注意しましょう ⑩**

裏台紙の針金も垂直に

薄台紙＋厚台紙の時と同じく、裏台紙＋厚台紙も針金に対し直角になるように作ります。斜めの場合は、花の形がくずれるだけでなく、パールも接着がずれることがあります。

剣つまみを加えたコームかんざし

✾ つまむ（剣つまみ）

● ひとこと ③

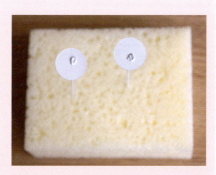

手早く作りましょう
ボンドは不要なビニールなどの上にあらかじめ出しておきます。足付き針金を花の数だけ台紙に通し、出してあったボンドを爪楊枝につけまとめて接着しスポンジに立てておきます。
その後、厚台紙を貼ると手早くすすめられます。

● ひとこと ④

のり板の下へ

のり板に工夫をする
つまみがのせにくい場合は、のりを練り広げた板をかまぼこ板など若干厚みのあるものの上にのせます。この時、板全体をのせるのではなく、のり板を傾けるようにするとほどよい傾斜ができ、つまみがのせやすくなります。

2. つまむ（剣つまみ）

8　ピンセットを正しく持ち（持ち方はP18参照）生地の対角をはさむ。

9　右から左へ半分に折り、角をしっかり合わせる。

10　生地の中央を持ち、

作品手順

✽ つまむ（剣つまみ）

11 　上から下へ半分に折り、角を合わせる。

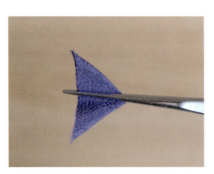

12 　生地の中央を持ち、

13 　左手の親指と人差指で両端を内側に寄せてつまむ。

14 　左手で生地をしっかりはさむ。

15 　閉じていたピンセットを開き、

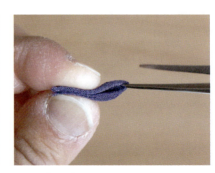

16 　ピンセットを強く後方に引き抜き、

17 　つまみ頭をとがらせる。

18 　剣つまみの完成。足の重なりは手前にできる。

19 　ピンセットでつまみの背を持つ。

剣つまみを加えたコームかんざし

* つまむ(剣つまみ)
* 形作る(剣の花)

● 注意しましょう ⑪

剣つまみの足は同じに
剣つまみは折り頭から左右の足が同じ長さになるようにします。右の写真は片側の足が曲がり、もう片側がまっすぐになっています。

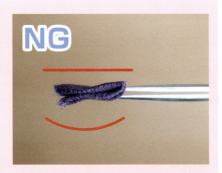

20 つまみをのり板にのせる。

3. 形作る

21 剣の花1輪分6枚を剣つまみし、最初の1枚をピンセットで取り上げる。

22 広がっていればつまみ先を指で細くとがらせてもよい。

23 のりを取りすぎた場合は再度のりをつける。

24 つまみ先を厚台紙中央に向け、

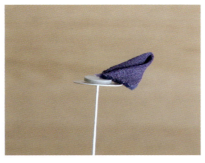

25 つまみ後方は裏台紙にかかるようにつまみをのせる。

26 6枚バランスよく台紙に配置する。

作品手順

❋ 形作る（剣の花）

27 つまみの折り頭を左指でおさえる。

28 つまみの足を外側に広げて花びらを大きく見せる。

29 もう片方の足も同様に広げる。つまみ内側は隙間があかないように注意。

30 スリムだった剣つまみの花びらが、

31 ふっくらした花びらになる。

32 つまみ先からホツレが出た場合は引っ張らずに乾いてからはさみで切るとよい。

33 スポンジに針金を差す。

34 パール4mm玉を花の中央に輪を描くよう5つ接着する。（中央は少しあける）

35 あけておいたくぼみにパール6mm玉をボンドでつける。剣の花の完成。

剣つまみを加えたコームかんざし

* つまむ(丸つまみ)
* 形作る(丸の花)

4. つまむ(丸つまみ)

36 丸つまみの花を作る。1花分5枚を丸つまみする。

5. 形作る(丸の花)

37 バランスよく5枚配置する。

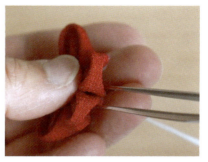

38 隣り合うつまみの股をそれぞれ開き、隣接する足をつける。

39 折り頭を指の腹で軽く押し、つまみ外周に丸みをつける。

40 隣り合う2つのつまみを形作ったところ。

41 同手順で全てのつまみを整える。

42 座金の底にボンドをつけ、花の中央に接着する。

43 座金内側にパール小を3つボンドで貼る。丸の花の完成。

44 丸の花は合計6本、剣の花は合計2本作りしっかり乾かす。(半日程度)

作品手順

組み上げ

6. 組み上げ

45　中央に配置する丸つまみの花4本は台紙から3cmのところを軽く折り曲げる。

46　指で曲げにくいときは平ヤットコなどを使うとよい。

47　のりはヘラで容器から取り板の上に出しておく。

48　組み糸の先にのりをつける。

49　曲げた箇所で花を2本持ち、支点に1回、力を入れてしっかり糸を巻く。

50　さらに1本花を支点に加え糸を1回巻き。

51　もう1本加え糸を1回巻く。

52　4つの花をひし型に束ねたところ。見本は奥にはで赤、手前に濃い赤を配置。

53　花の台紙を持ち、親指で花を支え、台紙角度を変える。

剣つまみを加えたコームかんざし

組み上げ

54 中央に向かってなだらかなカーブを描くように花をまとめる。

55 奥の花と右の花の間に、剣の花を上から差し込む。

56 丸の花の上にくるように配置する。下の花びらにかからないように気をつける。

57 糸を1巻きして固定する。

58 正面からみたところ。

59 手前と左側の丸の花の間にもう1本の剣の花を上から差し込む。

60 丸の花の上にくるように配置し、糸で1巻きする。

61 支点から台紙までの針金には触らず、支点で針金の角度を変え剣の花を外側に広げる。

62 残りの丸の花を1本取り、剣の花と同じように手前と右の丸の花の間に差し込む。

67

作品手順

✱ 組み上げ

63 手順62番を横から見たところ。剣の花と高さが一緒になる。

64 花の台紙を持ち、針金の角度を下げ、丸の花の先に出し、花を上向きに整える。

65 横から見たところ。糸できつく1巻きする。

66 対角にも加える。奥と左の丸の花の上から丸の花を差し込み、同じように整える。

67 正面から見る。丸の花のラインが中央に向かってゆるいカーブを描くように形作る。

68 コーム半分の長さ＋5mmまで糸をキレイに巻く。

69 糸は針金の間に通し、そのまま上に引き上げ留める。（糸処理）

70 糸を切り、のりで軸につける。巻いた糸全体にものりを薄くつけて留める。

71 巻き終わり先の針金をワイヤーカット鋏（はさみ）で切る。

剣つまみを加えたコームかんざし

* 金具に取り付ける
* 完成

7. 金具に取り付ける

72 コームは表面（盛り上がっている方）を上にする。コーム足中央に糸を通す。

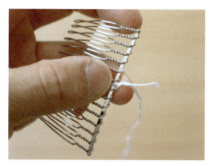

73 糸の先にのりをつけ指で撚りひとまとめにする。

74 取れないように足に通し、1巻きして固定する。

75 支点から5mmのところを平ヤットコで角度をつけ曲げる。見本は約60度。

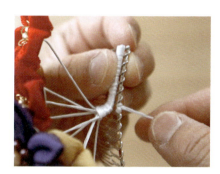

76 曲げた部分をコーム中央、金具の上にのせる。

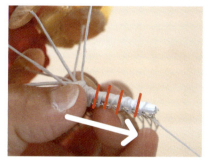

77 コーム足の間に糸を通し、針金をコームに巻く。最初は目を粗く巻き仮止めする。

78 針金切り口は糸で隠し、折り返してキレイに根元まで糸を巻く。

79 根元をさらに立ち上げ、全体が正面を向くように整える。

8. 完成

80 完成。

| コラム

花芯を変える

座金、スワロフスキーを加えると花自体の印象も変わります。

座金

種類、サイズ、金銀の色があります。
座金を接着後、パールを貼り固定させます。
どちらもボンドで留めます。

金色

外形8mm

外形12mm

銀色

外形11mm

外形12mm

スワロフスキー

スワロフスキーを中心に留めると美しいイメージになります。
裏が平らなものを使い、ボンドで留めます。

表　　裏

スワロフスキー:ss34

丸バラのコンコルドクリップ　難易度 🌸🌸🌸

● 特徴
- 丸つまみを広げて上に重ねると丸いバラができあがります。
- 花テープはのりが入っているので、指でおさえると留まる便利なアイテムです。

(各メーカーからいろいろな名称で販売されています。ここではフローラテープを使用しています。)

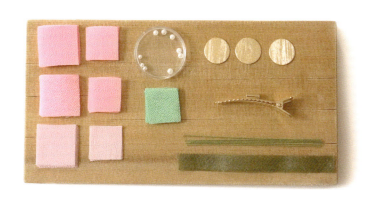

● 道具
のり板、ヘラ、ピンセット、定規、のり、ボンド、はさみ、平ヤットコ、
ワイヤーカット鋏（はさみ）、透明板、透明板を覆うシート（またはラップ）、爪楊枝

● 材料
コンコルドクリップ(金)長さ6mmパイプ付(パイプ穴4mm)×1本
花テープ(緑)×少々

▼花(1花分材料)× 必要個数…3花
裏台紙(金)20mm×1枚
針金緑(#24)10.5cm×1本
パールビーズ3mm玉×1個(見本色:純白)
パールビーズ4mm玉×2個(見本色:純白)
一越ちりめん生地3.0cm角×6枚
一越ちりめん生地2.5cm角×3枚(見本色:はでピンク2花、ピンク1花)

葉
針金緑(#24)10.5cm×2本
一越ちりめん生地2.5cm角×8枚
(見本色:はで緑)

※パールを1花3個使用していますが、6mm程度の大きいパール1つを飾っても代用できます。

作品手順

✽ 足付き台紙を作る（厚台紙なし）
  ↓
✽ つまむ（丸つまみ）
  ↓
✽ 形作る（1段目）
  ↓

1. 足付き台紙を作る　　2. つまみ、形作る

1　裏台紙の白い側を上にし、針金先を台紙中央に合わせボンドで留める。

2　花の生地を丸つまみする。台紙縁につまみ大の背を合わせ針金をまたいでのせる。

3　つまみの片足をピンセットではさみ、滑らせるように台紙縁に移動する。

4　もう片方の足も同様に台紙縁に寄せる。

5　つまみ足を開いたところ。

6　つまみの面（ふくらみ）をピンセットで押してつぶす。

7　つまみ面の先はしっかりつぶしておくこと。

8　横から見たところ。台紙縁につまみが沿ってのり、先はつぶれている。

9　つまみ大をもう1枚4時の方向に加える。台紙縁につまみ背を合わせる。

丸バラのコンコルドクリップ

✿ 形作る（1段目）
↓
✿ 形作る（2段目）
↓

10 作業しやすいように台紙の向きを変え、手順3と同じように片足を台紙縁に寄せる。

11 もう一方の足も寄せる。

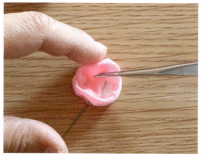

12 つまみ面をつぶす。折り頭を指でおさえながらすすめると作りやすい。

13 最初のつまみを12時として8時の方向につまみ大をのせる。

14 両足を広げ面をつぶす。3枚のつまみは均等に広げ、外周は丸くなるようにする。

15 つまみ大の背を外周1段目のつまみとつまみのつなぎ目に合わせる。

16 手順15を横からみたところ。

17 この時つまみが浮くように感じたらのりの量が少ないのでつまみに足すこと。

18 つまみ片足をしっかり開く。

作品手順

✾ 形作る(2段目)
↓
✾ 形作る(3段目)
↓

19 もう一方も広げる。1段目のつまみ面が見えないよう広げると巻きが美しくなる。

20 つまみ面の先をしっかりつぶす。

21 同様につなぎ目2箇所につまみ大を加え、足を広げ面をつぶす。2段目の完成。

22 2段目のつまみとつまみのつなぎ目につまみ小の背を合わせ、足を広げ面をつぶす。

23 同手順で2つ目を形作り、3つ目のつまみをのせ、2枚目と隣り合う片足を広げる。

24 つまみ面の先を軽くつぶし、

25 隣接する3段目の最初のつまみ足をピンセットで持ち上げ、

26 3つ目のつまみの内側に差し入れ、

27 3つ目のつまみ足を後ろにまわす。

丸バラのコンコルドクリップ

* 形作る（3段目）
* 葉を作る

28 3段目は、つまみ足片側が隣のつまみの前に、もう片側が後ろにくるようになる。

29 バラの口に埋め込むようにパール3mm玉を1つ留め、4mm玉をずらしてのせる。

30 さらに上に4mm玉を1つ留め、奥行ある配置にする。（パールはボンドで接着）

31 バラの口が開きすぎている（空間が大きい）ときは、口を外周から押しすぼめる。

32 丸バラが完成したところ。

33 裏から見たところ。

3. 葉を作る

34 同じ手順でもう2つ丸バラを作る。

35 透明板にラップ等でカバーをし、針金の片側先端にボンドをわずかにつけ板に留める。

36 のりを練り平らに広げる。

作品手順

❋ 葉を作る

37 片方は先から4.5cm、もう片方は5cm部分にボンドをぬる。

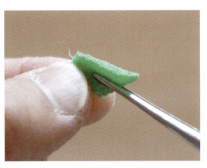

38 葉は全て丸つまみする。先を指でとがらせ、

39 手順37番の位置に先を合わせつまみのせる。

40 もう1つを並べ、つまみ先を指でおさえ、ピンセットでつまみ2つを寄せてつける。

41 つまみ面が上を向くように形を整える。

42 横から見たところ。つまみの股は閉じてのせる。

43 もう1本の針金1段目も2枚葉を作る。

44 2段目はどちらも7mm程空け、右の針金には2枚葉、左には1枚葉を作る。

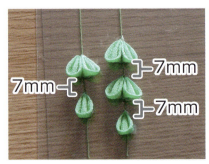

45 右の2枚葉の下に7mmあけ1枚葉をのせる。半日程度乾かす。

丸バラのコンコルドクリップ

✽ 組み上げ

4. 組み上げ

46 乾かした葉は横から力を加え取り外す。

47 パーツがそろったところ。

48 葉についた余分なのりはよく切れるはさみで丁寧に取っておくと仕上がりがよい。

49 同色2本のバラは花の付け根を曲げる。左曲がり1本。

50 右曲がり1本。

51 曲げたバラの付け根を1点で持つ。

52 残り1本のバラを差し込む。

53 葉の針金はつまみ先で曲げておく。

54 もう1本も同様にする。

作品手順

* 組み上げ
* 金具に取り付ける

55 曲げた葉も支点に加える。

56 花テープを支点にしっかり巻く。(ぐらぐらしないようにする)

57 テープを右手で伸ばしながら左手でこよりを作るように巻く。

58 支点から4.5cmの長さで一旦手を止め、

59 ワイヤーカット鋏(はさみ)で斜めに針金を切り、

60 テープを巻き切り口を隠す。

5. 金具に取り付ける

61 余分なテープを切り、針金先で折り返し、

62 そのまま針金におさえて付ける。

63 コンコルドクリップのパイプに針金の先を入れ、支点で止まるように差し込む。

丸バラのコンコルドクリップ

* 金具に取り付ける
* 完成

64 葉の針金を下げ、右曲がりにゆるくカーブさせる。

65 最後に加えたバラの針金を支点で起こし、

66 台紙の縁で針金を90度に曲げる。

67 通した針金はパイプを隠すように曲げる。

68 針金先を向こう側に曲げ留める。

69 平ヤットコで針金をはさみパイプに密着させ固定する。

6. 完成

70 葉の先の針金を平ヤットコでくるりと曲げる。(危なくないように曲げておく)

71 カーブさせておいた葉の針金にさらに丸みをつけ、バラの花に添わせる。

72 完成。

コラム

● よくある質問 ⑤
形作りがうまくいかないのですが…

まず、どのような形がベストか見てみましょう。
写真中央の花は、つまみの面がどれも同じ大きさで、ふっくらしています。
左右の花のつまみは、注意したい点がありますので①〜④をセルフチェックしてみましょう。

② つまみ面中央に筋が入る。
① つまみ面がへこんでいる。
③ つまみ内側に隙間ができる。台紙の上でつまみが滑る。
③ 返しが甘い。

① つまみ面がへこんでいる。
・形作りの時に、ピンセットや指で押していませんか?
・つまみの角を合わせるときに、つまみの「足」が「先」よりも出ていませんか?

② つまみ面中央に筋が入る。
・つまみの角を合わせるときに、つまみの「先」が「足」よりも出ていませんか?
・指でつまみ側面を押しすぎていませんか?

③ 返しが甘い。
・返しを意識して作っていますか?

④ つまみ内側に隙間ができる。台紙の上でつまみが滑る。
・のりが水っぽくありませんか?よく練っていますか?
・のり板の上でつまみが開きませんでしたか? ▶P32をチェックする
・のりの付き方は大丈夫ですか?

● のりの付き方をチェックする

●のりの量
のりが薄いとくっつきが悪くなります。
(P21のりのNG集参照)

●のり板へののせ方
のり板に斜めにのせると、先端にしかのりがつきません。
(P27注意しましょう③参照)

●つまみの切り口
のり板にのせた後、つまみを取り上げ切り口にのりがついているか確認します。
(P37注意しましょう⑧参照)

はんくすヘアクリップ&ブローチ

難易度 🌸🌸🌸

● 特徴
- 和紙に半球のスチロールを包む台紙を使い、立体的に作ります。
- 初めての方でも、球面に沿ってつまみをのせると簡単にできあがります。
- ヘアクリップにもブローチにもなる2Way金具を使います。

● 道具
のり板、ヘラ、ピンセット、はさみ、のり、ボンド、接着剤、爪楊枝

● 材料
▼1段目
一越ちりめん生地3.5cm角×2枚×3種
（見本色は赤味ピンク、桃花、ローズピンク）

▼2段目
一越ちりめん生地4.0cm角×3枚×2種
（見本色は赤味ピンク、桃花）

▼3段目
一越ちりめん生地3.5cm角×2枚×3種
（見本色は赤味ピンク、桃花、ローズピンク）

スチロール半球30mm×1個
和紙（縦7cm横7cm）×1枚
2Way金具（銀）丸皿28mm×1個
パールビーズ6mm玉×1個
（見本色：純白）

作品手順

❋ スチロール台紙を作る
  ↓
❋ 金具に取り付ける
  ↓

1. 台紙を作る

1　スチロールに薄くボンドをぬる。多すぎると和紙が切れてしまうので注意。

2　和紙で球面を包む。

3　和紙は折り重ねて貼ってもよいが段差ができないように気をつけること。

4　和紙とスチロールの間に空気が入らないようにする。

5　スチロール裏面にボンドでしっかり接着する。

6　手のひらで転がすように和紙を接着させるとぴったりつく。

2. 金具に取り付ける

7　金具の丸皿に接着剤をぬる。

8　和紙を貼ったスチロールを密着させ乾かす。

9　金具を裏から見たところ。上・ブローチ、下・ヘアクリップ。(向きがあるので注意)

✽ つまむ(丸つまみ)
✽ 形作る

3. つまみ、形作る

10 生地は全て丸つまみする。金具が横になるように持ち、中心につまみ小の先を向け、

11 球面に沿ってのせる。

12 等間隔に合計6枚つまみ小をのせる。

13 つまみをのせてから残りのスチロール部分が均等に見えているか確認する。

14 つまみは寄らないように注意。

15 つまみの股にピンセットを入れ足を広げる。

16 隣同士のつまみ足をつける。

17 折り頭を指の腹でそっと押してつまみの縁に丸みをつける。

18 つまみがふっくらと形作られたところ。1段目の完成。

作品手順

↓
＊形作る
↓
＊完成

19 中央に6mmパールをあて隙間がないか確認する。

20 2段目は1段目のつまみの間につまみ大の先を差し込む。

21 横から見たところ。

22 2段目6枚をのせたところ。これ以降、隣同士のつまみ足はピンセットでつけません。

23 3段目は1段目のつまみの真下につまみ小をのせる。

24 爪楊枝などをクリップ金具にはさみ作業すると持ちやすい。

4. 完成

25 3段目6枚をのせたところ。

26 パールをボンドで留め、形を整えて完成。

27 はんくすは斜め横から見るとなだらかなカーブがある美しい作品です。

三連椿のコーム

難易度

● 特徴
- つまみ片足を広げて手前に重ねることで渦巻き状の形にすることができます。
- 葉は丸つまみをはさみでカットする裏切り（うらきり）をします。
- 3つの花を縦に並べることにより、耳元などにライン状に飾ることができます。

● 道具
のり板、ヘラ、ピンセット、定規、
のり、ボンド、はさみ、平ヤットコ、ワイヤーカット鋏（はさみ）、爪楊枝

● 材料
10足コーム（銀）×1本
かんざし組糸（白）極天風×少々

▼花（1花分材料）× 必要個数…3花
裏台紙（金）28mm×1枚
針金白（#22）10.5cm×1本
刺繍糸（5番）黄120cm×1
刺繍糸（5番）黄10cm×1
一越ちりめん生地5.0cm角×5枚（見本色:赤）

葉
一越ちりめん生地6.0cm角×3枚
（見本色:わさび2枚、草緑1枚）

作品手順

🌸 **足付き台紙を作る(厚台紙なし)**
↓
🌸 **しべを作る**
↓

1. 足付き台紙を作る

2. しべを作る

1　裏台紙の白い側を上にし、針金先を台紙中央に合わせボンドで接着する。

2　刺繍糸(長)を半分にして持つ。

3　また半分にして、

4　もう半分にして、

5　さらに半分にして、

6　最後にもう半分にする。(合計5回半分にする)

7　刺繍糸(短)を玉結びの要領で1回しばり大きな輪を作る。

8　束ねた長い刺繍糸を通し、片側1cmのところで玉結びする。

9　はさみで刺繍糸の輪をそれぞれ切る。

三連椿のコーム

✸ しべを作る
↓
✸ つまむ（丸つまみ、丸裏切り）
↓

3. つまむ（丸つまみ）

4. つまむ（丸裏切り）

10　先は2cm程度、根元は0.5cm程度にカットする。

11　1花5枚丸つまみしてのり板にのせる。

12　葉1枚を丸つまみする。

13　ピンセットを左手に持ち替え、右側につまみ切り口を向ける。

14　はさみを入れるので、つまみ縁ぎりぎりを持つ。

15　つまみの背1/3から先に向かってハサミを入れる。

16　左手の人差し指でつまみの縁を軽く抑えるとガイドになり切りやすい。（指を切らないように注意）

17　裏切りしたところ。（丸裏切り1/3）

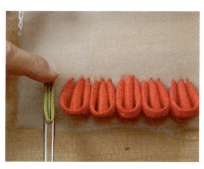

18　のり板にのせる。裏切りはつまみ先に指をあてながらのせると広がらずのせやすい。

作品手順

* つまむ(丸裏切り)
* 形作る

5. 形作る

19 葉のつまみを板から取り切り口を指で一文字に整える。

20 切り口を上にして半乾きにする。

21 花のつまみを1枚取り、台紙縁に背を合わせのせる。

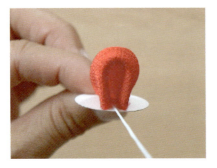
22 1枚目は針金をまたぐようにのせること。

23 表からみたところ。

24 つまみ頭を指でおさえ片足を滑らせるように台紙縁に移動させる。

25 つまみの面(ふくらみ)を指で押してへこませる。

26 1枚目を形作ったところ。

27 縁が1/3隠れるように2枚目のつまみをのせる。背は縁に、先は1枚目に合わせる。

三連椿のコーム

形作る

28 つまみの股からピンセットを差し、片足を下のつまみ内側に収める。

29 もう片足は滑らせるように台紙縁に寄せる。

30 つまみ面を指で押し、くぼみをつける。

31 台紙からはみでる場合は、足を内側に折り込み留める。

32 2枚目を形作ったところ。

33 形作りしやすいように台紙の向きを変えてすすめる。3枚目も同様に加え、

34 片足を広げ、面をくぼませる。

35 4枚目も同じように加え整える。

36 5枚目を加え、

作品手順

✻ 形作る

37 5枚目と隣り合う最初のつまみの足を持ち上げる。

38 持ち上げた足を浮かせながら親指でおさえ、

39 5枚目のつまみ足を持ち、

40 浮かせたつまみの股に差し込む。

41 横から見たところ。足は台紙に沿わせること。

42 5枚目の面をへこませ、浮かせたつまみ先を中央に戻す。

43 足が中央から渦を巻くように見える。

44 しべの根元にのりをたっぷりつける。

45 葉の中央に根元を埋める。

三連椿のコーム

* 形作る
* 組み上げ

46 しべが長ければ花を逆さまにしてカットする。

47 葉の先にのりをぽってりつけ、2枚目の花びらのくぼみに差し込む。

48 葉の折り頭を軽く押し丸みをつけておく。

6. 組み上げ

49 裏から見たところ。もう1花同じ色と同じ形で作っておく。

50 最後の1花は葉（草緑色）を4枚目の花びらのくぼみに差し込み作る。

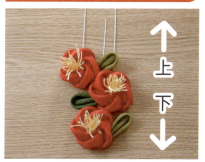

51 花を乾かしてから縦に花が密着するように合わせる。

52 下の花は針金を曲げずに持ち、中央の花を下の花にぴったり合わせる。

53 針金を1本にまとめるので中央の花の針金を下の針金の方向に曲げる。

54 もう一度2つを組み合わせて持ち、針金が交わるところを平ヤットコでおさえ、

作品手順

組み上げ

55 下の花の針金と同じ方向に曲げる。

56 中央の花の針金は「く」の字に曲がっている。

57 2本の針金が同じ向きにまとまったところ。

58 上の花は葉に対し直角に台紙縁で曲げ。

59 1本の針金束になるように花を合わせてから針金を平ヤットコで曲げる。

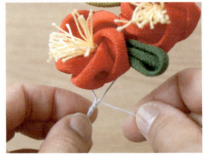
60 上の花を一旦外し、下2つを合わせ、のりをつけた組み糸を1回しっかり巻く。

61 上の花を組み入れ、もう1回支点にきつく糸を巻き、

62 そのまま3本の針金を巻いてゆく。

63 コーム金具と同じ長さまで組み糸を巻き、

三連椿のコーム

↓
✽ 組み上げ
↓
✽ 金具に取り付ける
↓

64 糸処理する。（P47手順45〜46参照）

65 糸を切り、薄くのりを糸全体にぬっておく。

66 巻き終わり先の針金をワイヤーカット鋏（はさみ）で切る。

7. 金具に取り付ける

67 正面から見たところ。

68 花同士を必要以上に寄せると、花びらが押されてゆがむので注意。

69 コーム中央に糸を通し糸にのりをつけ先をまとめる。足に1巻きして固定する。

70 花は裏（台紙が見える方）を上にしてコーム表面（P69手順72参照）中央、金具の上にのせる。

71 花が重いのでまず固定する。中央から端に向かい糸を粗く巻き、動かないようにする。

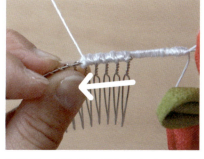

72 折り返し端から中央に向かいキレイに巻く。針金切り口は隠し糸を切る。

| コラム

- ✱ 金具に取り付ける
- ✱ 完成
- ✱ 参考

73　糸部分はのりで留める。支点から5mm程度のところに平ヤットコをあて、

74　花が上を向くように針金を180度曲げる。

8. 完成

75　完成。

9. 参考:ネジピン取り付け

76　1花(分量外)作り、しっかり乾かす。付け根から2.5cm部分でカットする。

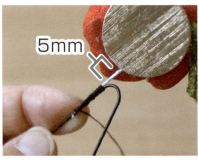

77　ネジピンの足を開き、糸先にのりをつけ、ピンに巻き、裏表にした花の針金を巻く。

78　糸全体にのりを薄くぬる。

79　平ヤットコで針金を180度曲げ花の向きを変える。

80　完成。

10. 参考:下がり

81　5mm出した針金部分に下がりの輪を取り付ける方法もある。

カメリアと小花のコーム

難易度

● 特徴
- メイン花は下からつまみを形作ります。
- ペップを使うことで上品に仕上げます。
- 6枚花はつまみをはさみでカットする裏切り（うらきり）をします。
- 応用がいくつも入った作品ですので、少し難しく感じることもあるかもしれません。
- コームを2Way金具に変更することができます（手順22で台紙から出る針金を台紙内側でカットしメイン花を作る。P102参照）

● 道具
のり板、ヘラ、ピンセット、定規、はさみ、のり、ボンド、平ヤットコ、コンパス、ワイヤーカット鋏（はさみ）、透明板、透明板を覆うシート（またはラップ）、爪楊枝

● 材料
10足コーム（銀）×1本
かんざし組糸（白・黒）絹糸×少々

メイン花
裏台紙（銀）50mm×1枚
厚台紙25mm×1枚
ちりめん生地5cm角×12（見本色：藤）
パールペップ中（ガンメタ）×20本（40頭）

▼6枚花
裏台紙（銀）18mm×1枚
厚台紙10mm×1枚
一越ちりめん生地3.0cm角×6枚（見本色：鉄）
パールビーズ4mm×1個（見本色：漆黒）
パールビーズ3mm×6個（見本色：ガンメタ）
針金白（#24）15cm×1本
※ガンメタ色は黒パールのような輝きのある色です

▼5枚花（1花分材料）× 必要個数…2花
裏台紙（銀）16mm×1枚
厚台紙8mm×1枚
一越ちりめん生地鉄2.5cm角×5枚（見本色：淡藤、葡萄各1花）
パールビーズ4mm×1個（見本色：ガンメタ、薄紫各1個）
針金白（#24）15cm×1本

作品手順

✽ 足付き台紙を作る（厚台紙なし）
↓
✽ 5枚花を作る
↓
✽ 6枚花を作る
↓

1. 足付き台紙を作る

1　裏台紙はコンパスで直径5cmの円を描きはさみで丸く切っておく。

2　平ヤットコを使い針金先4.5cmのところで90度に曲げる。

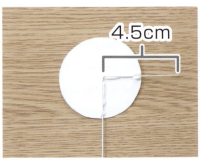

3　裏台紙の白い側を表にして円の中央に曲げた針金を合わせボンドで接着する。

4　6枚花用の裏台紙中央に針金先をあてボンドで留める。上に厚台紙を貼る。

5　5枚花用は裏台紙の中央に針金を留め、その上に厚台紙を貼る。

2. 5枚花を作る

6　針金位置が上下になるようにし、丸つまみで5枚花びらを形作りパールを飾る。

3. 6枚花を作る

7　三連椿の葉の要領（P87参照）で丸裏切り1/3し、針金をまたぐようにのせる。

8　残り5枚も丸裏切り1/3し、台紙にのせ、股をピンセットで開き、

9　隣同士のつまみ足をつけ、

カメリアと小花のコーム

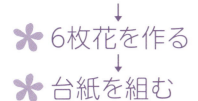

6枚花を作る
台紙を組む

10 つまみの頭をそっと押し形を整える。

11 6枚花びらができたところ。

12 パール3mm玉6個を輪を描くように花びらの先にボンドで留める。

4. 台紙を組む

13 中央にパール4mm玉1個を留める。

14 5枚花はしっかり乾かしておく。台紙の先で針金を90度に曲げる。

15 6枚花の花びらにぶつからないように5枚花の針金の長さをぎりぎりで合わせ、

16 平ヤットコで合わせた部分を持ち、針金を直角に曲げる。

17 台紙から7mm針金を出し、6枚花の針金と1.2cm間隔をあけ合わせる。

18 平ヤットコで中心点にあたる針金を持ち、

作品手順

* 台紙を組む
* 花芯を作る

19　台紙に貼った針金内側に収めるよう角度を鋭角に曲げる。

20　中心点に針金を合わせボンドで貼りつける。

21　もう1本の5枚花も針金を手順14〜16のように曲げておく。

5. 花芯を作る

22　6枚花の左2cmをあけ、針金を7mm出して台紙中央で曲げ留める。針金3本は寄せる。

23　のりはヘラに取り板の上に出しておく。

24　ペップは両端に頭がついている。中央をはさみで半分に切る。

25　ペップ軸を開き軸にのりを薄くぬる。

26　ペップ頭をひとまとめにし、中央が少し盛り上がるように指で整える。

27　ペップの形を整えてから糸(黒)にのりをつけ根元をきつく巻く。

✻ 花芯を作る

✻ メインの花を作る

6. メインの花を作る

28　そのまま7mm巻き下がり糸を切る。巻いた糸全体にのりを薄くぬり留める。

29　ラップ等を被せた透明板を敷く。生地は全て丸つまみし、台紙の12時と、6時の方向につまみを置く。

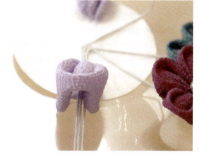

30　1段目のつまみ6枚は台紙から5mm出るようにする。針金はまたぐようにのせる。

31　小花があり、のせにくい場合は平ヤットコで花の向きを変えておく。

32　1段目6枚をバランスよく配置したところ。

33　つまみ股にピンセットを入れて開く。

34　ピンセットで隣同士のつまみ足をつける。

35　1段目を形作ったところ。

36　中央に厚台紙をボンドで貼る。

作品手順

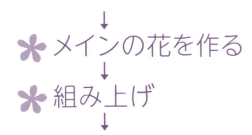

* メインの花を作る
* 組み上げ

37 厚台紙の中心に2段目のつまみ先がくるようにのせ、

38 ピンセットで股を開き足を1段目のつまみ中央におろす。

39 2段目6枚をのせたところ。

40 ペップは糸でまとめた根元ぎりぎりで切る。

41 メイン花の中央にボンドで留める。

42 しっかり乾かし、板から外す。

7. 組み上げ

43 台紙縁から出た針金にのりをつけた糸(白)を巻く。

44 コーム金具の長さに合わせ、そのまま絹糸をキレイに巻く。

45 巻き終わりは糸処理(P47手順45〜46参照)し、糸先の針金を切っておく。

カメリアと小花のコーム

* 金具に取り付ける
* 完成

8. 金具に取り付ける

46 コーム表面中央に糸を通し、糸にのりをつけ先をまとめる。足に1巻きして固定する。

47 花は裏（台紙が見える方）を上にしてコーム中央、金具の上にのせる。

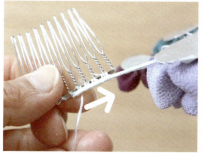

48 花が重いのでまず固定する。中央から端に向かい糸を粗く巻き、動かないようにする。

49 折り返し、端から中央に向かってキレイに巻く。糸を切り、糸全体にのりをつける。

50 台紙先の針金部分を平ヤットコで持ち、

51 花が上を向くように針金を180度曲げる。

52 表から見たところ。

53 手順31番で広げておいた針金をもどす。

9. 完成

54 バランスを整え完成。

コラム

2Way金具を使う

はんくすヘアクリップ&ブローチで登場した2Way金具は
使いやすい金具です。もっと使ってみましょう。

1 花で飾る（梅一輪）

● 材料
薄台紙28mm×1枚
厚台紙12mm×1枚
一越ちりめん4cm角×6枚（見本色:赤）
刺繍糸（5番）黄120cm×1本
刺繍糸（5番）黄10cm×1本
2Way金具（銀）丸皿28mm×1個

● 台紙を作る

①
薄台紙28mmを生地で包み、金具の丸皿に生地が貼られている方を上にして接着剤で留め中央に厚台紙を貼る。

②
裏から見たところ。
金具位置は上と下があるので注意する。

● 形作る

③
生地5枚は丸つまみし、形作る。
三連椿のしべ（P86参照）を作り、中央に留め完成。

④
裏から見たところ。

コームを変更する（カメリアと小花のコーム）

● 台紙を作る

①
メイン台紙を用意し、2Way金具を接着剤で留め、小花を準備する。

②
P98手順22で台紙から出る針金を台紙内側でカットする。以降の手順は同じ。

桜の器

難易度

● 特 徴
- 地詰めの方法で器一面に花を作ります。(地詰めの説明については P108)
- 配列は一例です。作る人のつまみのふくらみの大きさ、微妙な位置により使う生地の枚数が変わることがあります。多めに準備しましょう。
- 生地は小さいめですが、たくさんつまみますので、練習にもなる作品です。
- 対で作り、雛飾りにしてもステキです。(参考写真は P8)

● 道 具
のり板、ヘラ、ピンセット、定規、はさみ、
のり、ボンド、爪楊枝

● 材 料
ハート型器(白)約7.5cm×7.5cm×高さ6.5cm×1個

綿1.5g×1個

手縫い糸(白)75cm×3本
　※手順の糸はわかりやすいように黒にしています

和紙(縦11cm横20cm)×1枚

桜
一越ちりめん生地1.5cm角×65枚(見本色:薄ピンク)

パールペップ極小(白)×25本(50頭)

葉
一越ちりめん生地1.5cm角×9枚(見本色:白緑)

作品手順

✿ ベースを作る
　↓
✿ つまむ(桜つまみ)
　↓

1. ベースを作る

1　器と綿を準備する。

2　器に綿を詰め調整する。(器からこんもり見える程度)

3　3本の糸で縦、横をまとめる。糸は巻き始めと終わりにボンドをつけ留める。

4　器に入れた時に上になる面にボンドをぬり和紙で包む。

5　隙間ができないように注意し器の形通りに詰め込む。

6　ベースができたところ。

2. つまむ(桜つまみ)

7　のり板にのりを練りのばす。花びら生地は丸つまみし、

8　ピンセットの足でのり板の不要な部分ののりを取る。

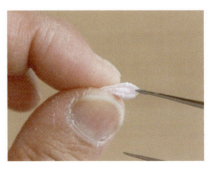

9　折り頭の内側にのりをつける。

桜の器

* つまむ(桜つまみ)
  ↓
* 形作る
  ↓

10 つまみの折り頭にピンセットのとがった先をあてる。

11 ピンセットの先を押し込む。

12 折り頭にくぼみができ、ハート型になるようにする。

3. 形作る

13 つまみの背を持ちのり板にのせる。花びら全てをつまみ、葉は全て剣つまみする。

14 器の中心に目線がくるのでここからつまみをのせる。5枚花びらで形作る。

15 花びらの間に隣の花びらの頭を組み合わせるようにする。

16 桜つまみは折り頭を指でおさえ、ピンセットで足を開き面をふわりとさせる。

17 2花の下にもう1花形作る。

18 隙間ができそうな場合は、葉を加えて埋めるとよい。

作品手順

 形作る

19 葉は滑らせるように差し込む。

20 器の先に花を1つ形作り、正面から見て緑が欲しい部分に葉を差し込む。

21 器先端に隙間ができるので花びらを足す。手順20の花びら頭を持ち上げ、

22 花びらをベース傾斜に沿わせ1枚加える。

23 上げた花びらを元に戻す。

24 器左側、手前の「キワ」を埋める。花の形にできるところは整え、隙間は埋める。

25 器右側、手前を同様につまみで埋める。

26 左右に少しつまみをのせたところで、正面から見てバランスを確認する。

27 そのまま右側奥まで花を詰める。

28　左側も同様に埋める。「キワ」もしっかり詰める。

29　中心から向こうは器の向きを逆さにして続けるとのせやすい。

30　時折、正面から見て、花の盛り方をチェックする。

31　葉をバランスよく加える。

32　「キワ」に花びらを詰める。

33　地の和紙が見えないか確認し、見えていれば花びらの位置を調整する。

4. 完成

34　ペップは先端の頭から3mmのところをカットする。1本から2頭できる。

35　ペップは1花5頭、花びらの数が少ないものは3頭程度を花中心に差し込み接着する。

36　完成。

コラム

地詰めについて

地詰めとは、その字の通り「地を詰める」ことです。
地が見えないようにつまみを詰めましょう。
「桜の器」のように花の形で一面に詰めるもの、メインの花の
隙間に詰めるもの、模様として詰めるものがあります。

花の形で一面に詰める

中央から始めると形よく仕上がります。
花の形で詰める時は、なるべく花の形を崩さず、「キワ」は花の形に見えるように半分を形作るなどして調整します。

花の隙間を詰める

メインの花があれば地詰めは中央から放射状にのせ形作るとキレイに仕上がります。

模様として詰める

規則的な模様の場合は、規則順につまみをのせます。
写真は1段ごと交互につまみの向きを変えライン状に詰めています。

鶫屋(つぐみや)について

つまみ細工「通信講座」「材料販売」「鶫屋認定講師」

●通信講座

　ご自宅でもつまみ細工を楽しんでいただくために、通信講座を開講しています。レジュメに沿って手順を写真で見ながらすすめられますので、お時間のあるときにじっくり取り組んでいただくことができます。

　通信講座ではできあがり画像をメールでお送りいただくとアドバイスを差し上げていますので、次の作品をお作りになる時に活かすことができます。

　鶫屋の通信講座作品は、順番に作ることでレベルアップできる内容になっています。詳しくはHPをご覧ください。

http://tsugumi-ya.com/

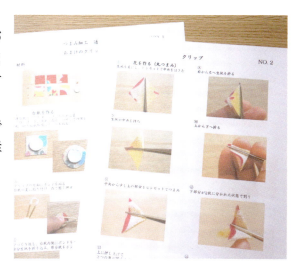

●材料販売

　オンラインショップでは道具、ちりめん生地（無地・柄）、化繊生地、台紙や針金など、つまみ細工に必要な材料から、つまみ細工本、ディスプレイ用の箱や器など様々なものを販売しています。

http://tsugumi-ya.ocnk.net/

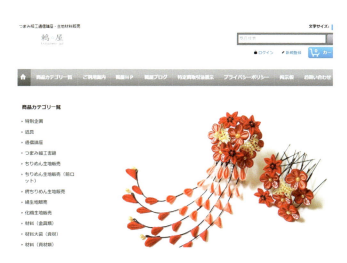

●鶫屋認定講師

　講師になりたいとご希望が多く、2013年より実施している鶫屋独自の制度です。
（現在、つまみ細工自体に資格試験はありません）
　鶫屋認定講師になるためには、一定の通信講座受講後に試験を受けます。
　詳しくは鶫屋HPをご覧ください。

困ったときの逆引き一覧

● 材料道具、切り方等準備の段階の質問

Q. 初めて作りますが、道具は何をそろえればよいのでしょうか？
A. 道具の説明 → P10、材料 → P11

Q. どこで道具や材料を買えますか？
A. 材料販売 → P109…中段

Q. なぜ厚い台紙を台紙中央に置くのでしょうか？
A. 厚台紙の説明 → P13…中段

Q. 裏台紙というのは何ですか？
A. 裏台紙の説明 → P13…下段

Q. カッターの使い方がわかりません。
　カッターをうまく使えません。
A. 生地の裁断 → P16

Q. 生地を正方形に切るとき、はさみを使っているのですがうまくできません
A. ひとこと① → P17…下段

Q. ピンセットの持ち方が合っているかわかりません
A. ひとこと② → P18…下段

Q. つまみ細工にはどんな生地を使えばいいのでしょう
　ちりめんにデコボコがある生地を見かけましたが何という名前の生地ですか？
A. 生地の説明 → P12…上段

Q. 着物に合った色のかんざしを作りたいのですが…
A. 色合わせについて → P15

● のり、のり板の上での質問

Q. 一度使ったのりはまた使えますか？
A. よくある質問③ → P31…下段

Q. つまみが縮んでいるように感じます
A. のりNG集 → P21…下段

Q. のり板のつまみを取ると、隣のつまみもつながって取れてしまいました
A. 注意しましょう⑦ → P37…中段

Q. のり板の上でつまみが開いてしまいます
A. よくある質問④ → P32

● 形作りの質問

Q. 簡単な形から順に作りたいのですが
A. ❀印について→ P2… 下段

Q. 足付き台紙の花を作りましたが、台紙の針金が取れそうです
A. 注意しましょう⑥ → P35…下段

Q. 台紙にのせたつまみが浮いてるような気がします
A. よくある質問② → P31…中段、P73…手順17

Q. 形作りがうまくできません
A. よくある質問⑤ → P80

Q. 地詰めとは何ですか？
A. 地詰めについて → P108

● 金具取り付けの質問

Q. ネジピンにはどうやって取り付けるのでしょうか
A. P39…手順46〜56、P94…手順76〜80

Q. かんざしは使う機会が少ないので、もっと手軽な金具にしたいのですが
A. 2Way金具を使う → P102

おわりに

振り返ってみると…
教室・通信講座を受講くださる皆様にはご支持をいただき、材料をご提供くださる皆様は親身になって色々とご対応いただきました。
いつも、多くの方々に支えられ、ご協力いただき、今日まで来ることができたのです。
この場を借りて御礼申し上げます。皆様、ありがとうございました。

これからも、いい作品を作り、わかりやすく説明し、多くの方々につまみ細工を楽しんでいただくことで、皆様に感謝の気持ちをお伝えしたいと思っております。

2016年7月
佐藤　亜美

❁ 著者プロフィール

佐藤　亜美（さとうつぐみ）

つまみ細工鶫屋主宰。1973年1月北海道札幌市生まれ
職人穂積実氏につまみ細工を学ぶ。恵比寿・学芸大学他5教室を経て札幌に戻り、教室・通信講座を展開。初心者からスタートしているため、わかりやすいつまみ細工指導を心がけている。伝統的なつまみ細工作品だけではなく、現代風にアレンジした作品作りも紹介していることから、講座は、初心者から上級者まで幅広く受講している。

❁ つまみ細工鶫屋（つぐみや）　http://tsugumi-ya.com/
❁ オンラインショップ　http://tsugumi-ya.ocnk.net/

❁ お願い ❁

この本に書かれている作り方についての電話、メール等のお問い合わせは受け付けておりません。ご了承ください。

つまみ細工 ～基礎とコツ、アレンジ～

発 行 日	2016年7月21日
著　　者	佐藤亜美
発　　行	佐藤亜美　http://tsugumi-ya.com/
発　　売	かりん舎　札幌市豊平区平岸3条9丁目2-5-801　phone/011-816-1901　http://www.kwarin.jp
撮　　影	佐藤亜美
編集・制作	自費出版社 はまなす文庫　札幌市中央区南11条西9丁目3-35　phone/011-551-8900　http://www.hamanasubunko.co.jp
印刷・製本	北海道印刷企画(株)

乱丁・落丁本はお取替えいたします。
本書の内容を無断で転載・複製することは著作権法上禁じられています。